La vida en el barranco

Relato de resistencia, resiliencia y educación social

Lorena Molina Cuesta
Cristóbal Ruiz Román

La vida en el barranco

Relato de resistencia, resiliencia y educación social

Título: *La vida en el barranco. Relato de resistencia, resiliencia y educación social*

Primera edición: septiembre de 2024

© Lorena Molina Cuesta, Cristóbal Ruiz Román

© De esta edición:
Editorial Octaedro Andalucía (Ediciones Mágina, S.L.)
Pol. Ind. Virgen de las Nieves
Paseo del Lino, 6 - 18110 Las Gabias - Granada
Tel.: 958 553 324 - Fax: 958 553 307
magina@octaedro.com – octaedro@octaedro.com

ISBN: 978-84-127093-6-0
Depósito legal: GR 1122-2024

Diseño de la cubierta: Estefanía Saavedra Cruz, Francisco Ríos López
Realización y producción: Editorial Octaedro

Impresión: Masquelibros

Impreso en España – *Printed in Spain*

Cuando salga le voy a decir a mi mama
que me dé un vaso lleno de café de pucherete.

Índice

Breve prólogo al relato de Jose

Lo que nos narra Jose está escrito en carne viva. Imposible lograr un relato con latidos de realidad más potentes. Realismo desnudo, preñado de lucidez y firmeza.

Las personas que tienen mala vida, dice, no son malas, tienen mala vida: *Soy gitano y vengo de un barrio marginal de Andalucía, Las Areniscas, donde la droga, violencia y delincuencia son lo habitual. El barrio tiene por lo menos 29 o 28 años.* Se ve que el tiempo sin voluntad escasea en remedios.

Es brillante y minuciosa su descripción de cómo discurre la vida de los gitanos y la importancia del gitano *vieo*, viejo. Al común de la gente no nos gusta saber que existen lugares así, por eso los ignoramos empecinadamente; pero son infiernos demasiado cercanos e íntimos como para que no nos interpelen. *Mi madre era drogadicta, nací temblando con el mono me contó mi abuela, cuando me echaban humo de la coca se me quitaban los temblores. Y mi hermano nació en la taribé,* la cárcel.

Asombra la capacidad de Jose para plasmar en apenas una frase lo que han vivido y viven, él, su familia, sus vecinos, como si aquella idea de que el género humano es sociable por naturaleza se hubiera evaporado y con ella hasta el más elemental rudimento de la equidad.

Pero aún más asombroso y desde luego esperanzador es, que en medio de tanta insania puedan mantenerse en pie y salir adelante personas, con la calidad humana, lucidez y firmeza que manifiesta el autor de este libro. *Aunque vivo en un ambiente violento no me gusta la violencia ni la injusticia. Soy un muchacho sencillo y noble.* Solo lo auténtico acierta a expresarse así de transparente.

Es muy significativo el papel tan importante que le atribuye a la familia, al trabajo y a la escuela, pese a lo que le rodeó siempre desde niño. *Pa mí la familia es mu sagrao, los gitanos somos así, pensamos que la familia es sagrao.* Y solo ahora a su edad, gracias a unos profesores que le están prestando atención, ha logrado alcanzar algo que para él también es *sagrao*: aprender como en la escuela.

A los que somos más «leídos» tal vez nos incomode el lenguaje a lo Babel en el que está su escrito, pero es tan, tan importante lo que dice, que se merece nuestro esfuerzo como gesto de solidaridad.

ENRIQUE MARTÍNEZ REGUERA
Madrid, febrero 2022

Nota para la lectura

Son muchos los relatos acerca del habla andaluza, o más bien de las hablas de Andalucía, que afirman que el *andaluz no se escribe, se habla.* En esta ocasión, nos hemos tomado la libertad de plasmarlo de forma escrita aludiendo a la *dignidad e igualdad de las lenguas,* incluyéndose el andaluz como una de sus modalidades internas. Esta postura intenta evitar la *opresión lingüística* mediante la agresión de elementos externos, en este caso, las modificaciones o correcciones que dan lugar a eliminar la *legitimidad natural* del habla andaluza, y en concreto, del habla andaluza malagueña.[1] Con esta decisión se pretende romper con lo que se denomina *estigma sociolingüístico,*[2] con los estereotipos que el habla andaluza lleva arrastrando desde hace siglos[3] y erradicar las falsas creencias que giran en torno al complejo de inferioridad en la consciencia de la persona de habla andaluza.

Por este motivo, el escrito que tiene usted en sus manos pretende mostrar la identidad más pura de la persona que

---

1. Moreno, J. C. (2000). *La dignidad e igualdad de las lenguas. Crítica de la discriminación lingüística.* Alianza Editorial.
2. Narbona, A. (Coord.) (2013). *Conciencia y valoración del habla andaluza.* Universidad Internacional de Andalucía.
3. López, M. N. (2018). *La dignidad del habla andaluza.* Almuzara.
Trujillo, R. M. y Gil, I. (2021). ¿Nos seguimos guiando por los estereotipos cuando hablamos sobre el andaluz? *Miscelánea Comilla, 79*(155), 601-619.

narra estos relatos. La información recogida a través de fuentes orales ha sido tratada de manera fidedigna para realzar la identidad de esta persona. Manteniendo el habla andaluza, cada relato permite mostrar que la persona que hace uso de ella aplica una economía del lenguaje y unas expresiones adquiridas por su forma de vida que de algún modo ayudan a contextualizar cada uno de los relatos que se exponen en este escrito. Una carta abre el camino de esta lectura, la única parte de este escrito que mantiene la lingüística del castellano y no el habla andaluza al tratarse de una fuente escrita y no oral. En línea con lo que se expone, algunas palabras aparecen a pie de página para un mayor entendimiento.

Por último, este libro, que ha sido elaborado como parte de una tesis doctoral por la Universidad de Málaga,[4] se presenta como una herramienta pedagógica que pretende reflexionar sobre la práctica educativa y social, por lo que cada uno de los capítulos incluye cuestiones que intentan promover la reflexión y el diálogo para tratar de mejorar la propia acción socioeducativa.

4. Molina-Cuesta, L. (2022). *Resiliencia y acompañamiento socioeducativo. Análisis de los procesos de exclusión e inclusión en contextos de alta vulnerabilidad social* [Tesis Doctoral]. Universidad de Málaga.

19 de febrero de 2016

Soy Jose vengo de un barrio marginal, donde las drogas, la delincuencia y la violencia es lo habitual. Donde por el simple hecho de ser gitano de Las Areniscas te suelen discriminar. No he conocido a mi padre. Mi madre es drogadicta. Nací con el mono, temblando. Cuando me echaban humo de la coca se me quitaban los temblores, eso me comentó mi abuela, con quien vivo desde mi tercer día de vida. Soy el mayor de seis hermanos, solo uno se ha criado conmigo. Los demás están separados porque son de otros padres. He visto cómo se drogaban en mi familia, por eso nunca me he drogado. Es la primera vez que estoy en la cárcel. Estoy pagando dos años y un día y por ese día no me han aplicado la libertad condicional. Aunque vivo en un ambiente violento, no me gusta la violencia, ni la injusticia. Soy un muchacho sencillo y noble. Empecé a robar, robar por mi pobreza. Veía a los niños comprarse cosas y yo no podía. Iba casi descalzo y no tenía para unas zapatillas ni para comerme una hamburguesa como cualquier niño de mi edad. Solía robar chatarra de las obras para conseguir quince o veinte euros y con eso era el más feliz del mundo. Cuando tenía dieciséis años conocí a mi mujer. Un año des-

pués se quedó embarazada y entonces yo dejé de robar porque para mí, para mí lo más importante es ella y mi hijo que ahora tiene catorce meses. No quiero saber nada de drogas ni de robos, ni de violencia. Aunque a veces me enfade como cualquier muchacho de mi edad, se me pasa pronto y no me suelo pelear. Solo quiero vivir en paz con mi familia y darle una buena educación a mi hijo. Por eso estaba estudiando en la calle antes de entrar con unos chicos de la universidad que vienen a darme clase a mi barrio con los que tengo mucha amistad. Me quieren mucho, me ayudan, me enseñan y me regalan libros. Ahora estoy aquí, y quiero seguir aprendiendo cosas buenas para seguir por buen camino y educar bien a mi hijo. Y si en algún momento molesto a alguien, intentaré cambiarlo. Y ruego, por favor, que me perdonen y me ayuden.

[Carta escrita por Jose durante su estancia en prisión].

Capítulo 1

Nací con el mono temblando

Yo nací en Andalucía, pero en Las Areniscas. Mi hermano nació en la taribé[5], ¿tú no sabes lo que es la taribé? Es la cárcel. Mi hermano es un carcelero, un niño nacío en la cárcel. Yo nací y me pegué tres días en el hospital y cuando salí, me acogió mi madre, mi abuela vaya. Y me he criao con mi abuela.

Un padre y una madre no sé lo que es. Mi madre es mi abuela pa[6] mí y mi padre puede ser a lo mejor mi tío. Siempre me ha pasao, siempre me pasa y siempre me pasará... el cariño de mi familia, ¿sabes lo que te digo? No tener un padre y una madre. Yo sé que tengo a mi abuela y ha hecho to[7] lo posible pa criarme y me ha dao el cuerpo que tengo ahora... y me alegro mucho. Que Dios bendiga a mi abuela.

Pero a mí me gustaría tener mi padre y mi madre, siempre lo he dicho. Tener a esa familia, tener a mi padre a mi lao y tener a mis hermanitos a mi lao. Yo soy el más grande. Conmigo somos seis hermanos y tengo a uno conmigo na[8] más

---

5. Cárcel o prisión (en caló, *estaribel*).
6. Para.
7. Todo o Todos.
8. Nada.

viviendo, ¿sabes? ¡Po ea!, es lo único que siempre voy a tener. Siempre lo voy a tener en mi corazón. A mi padre nunca lo conocío y mi madre está enganchá[9]... y a mí me duele verla. Mi madre sí que viene muchas veces y hablo con ella, pero no me he rozao.[10] A mí me gustaría tenerla a mi lao. Tengo ganas de verla. Lo que me da es mucho coraje de ella, que dice que no fuma[11], yo sé que fuma, que yo entiendo de eso, ¿sabes?

Yo de chiquitillo pasaba de ese tema porque veía la droga[12] y la veía normal, ¡porque es que ya de tanto verlo! A lo primero cuando veía esas cosas, ¡uf, me impresionaba!, pero ya a poquito a poco uno se acostumbra a to, ¿entiende? Cuando tú ves eso to los días en tu barrio, lo ves como normal.

Pero también sufría uno. Yo he visto a algunos de mis familiares fumando, o metiéndose pastillas, pinchazos, y eso lo veo mu fuerte. No es lo mismo decirlo que vivirlo. No es lo mismo. Eso es lo más difícil pa mí de la vida. Yo me pegaba una pechá[13] de llorar porque era mi familia y después, que veía a la gente del barrio. Había mucha, pero mucha droga.

Ver to eso y uno asustarse de niño. Po[14] to eso lo he pasao yo, y a poquito a poco se acostumbra uno, y cuando vas siendo más grande, po ya sabía, más o menos. Mi abuela me cogía y me quitaba de allí, y mi tío me decía: «¡niño no te pongas por ahí!», o si no me cogía y me metía pa la casa y me quitaba de ver eso. A lo mejor había algún enganchao que estaba con el mono y me quitaba pa que yo no viera eso.

9. Persona con problemas de drogadicción.
10. Tener poco trato con una persona
11. Consumir heroína.
12. Heroína.
13. Mucho.
14. Pues.

Yo he pasao mucha fatiga porque he visto algunas veces gente de mi familia que no tenían pa comprarla, y estar muriéndose, y se la he tenío que comprar pa que viva, pa que espabile. Ahora sin eso... en ese momento se muere. Y verlo así uno, eso es pasar fatiga, pero fatiga ¡eh! Y daño que te hace. Doler duele porque uno lo ha vivío y sufre, sufre uno, eso lo sabe quién lo vive y quien lo siente.

Por eso uno no ha probao nunca esa cosa, ¿entiende? Uno no hace esas cosas, jamás en la vida. No sé lo que es una trinquimasí[15] de esas, se cómo se llama por oídas de la gente que se lo toma. Y eso de meterse una raya... ¡en la vida! Luego un cigarrillo... un cigarro sí lo tomao yo y un porro también, pero eso de pastillas no.

Es mucha diferencia ahora de grande que tengo 19 años, a tener ocho o siete años, no es lo mismo. Yo lo veo ahora y es otra manera, pero de niño lo sufría.

Enfoques para la reflexión y el diálogo:

- ¿Qué papel juegan los procesos de normalización y asimilación en contextos de alta vulnerabilidad social?

- ¿De qué forma puede influir en la persona tener una crianza en un ambiente desestructurado?

- ¿Qué elementos estructurales y/o ambientales pueden existir en un contexto que lo hagan ser de alta vulnerabilidad social?

15. Marca de medicamento que se utiliza como relajante muscular y que algunas personas mezclan con otras sustancias tóxicas.

Capítulo 2

La familia es sagrao

Tengo seis hermanos, yo soy el más grande y detrás de mí va el Antonio. En total somos seis: tres hermanos y tres hermanas. To estamos separaos porque somos hermanos de madre, pero de padre somos distintos. Con mi madre no vive ninguno de mis hermanos, y yo y mi hermano vivimos con mi abuela, con la madre de mi madre. Cuando era más pequeño, hasta que tuve 12 años, también vivía conmigo mi hermana, que en verdad es mi prima. Mi madre también la recogió pa criarla, como a nosotros.

Mi hermano Antonio está estudiando 4º de la E.S.O[16]. Él está luchando pa sacárselo y yo me alegro mucho porque es mi hermano y yo quiero que tenga unos estudios, que tenga su graduado y que tenga sus cosas.

Tengo a mi tío. Él siempre ha estao atento a mí como si fuera sido un padre. Pero yo, cuando tenía a lo mejor que contar algo o me sentía mal, se lo contaba a mi hermana. Ella es más grande que yo y pa mí ha hecho como otra madre, ¿sabes? Porque mi mama, mi abuela, era más viejecita y ella era más

16. Educación Secundaria Obligatoria.

joven y siempre estaba atenta a mí. Conmigo se quedó hasta que yo tuve 11 años o 12, no me acuerdo mu bien. Cuando yo tenía esa edad, ella se casó, pero vivía en el barrio. Luego le dieron una casa y se fue. Ella era la que me apoyaba...

Pa mí, la familia es mu sagrao. Es que nosotros somos así. Los gitanos pensamos que la familia es sagrao, aunque es verdad que ahora está más separtá[17], más lejana, y ya no estamos tan juntos como antes, cada uno por su lao, ¿sabes lo que te digo? Pero pa mí, mi abuela, que es la que me ha criao, es sagrao, y pa mis tíos es sagrao y pa mi hermano también. ¡Yo qué sé!, que donde vayan ellos yo voy a estar siempre ahí y ya está. Pa mí son importantes.

Mi familia son gitanos y tienen su ley, pero pa mí son buenos, son buena gente, lo que pasa que también son mu cerraos, ¿sabes? Pero yo me sentío mu bien en mi familia, a mí me encanta mi familia... porque a mí me encanta la ley de los gitanos.

Recuerdo que toa las navidades y to los 31 lo hemos celebrao juntos. Siempre me ha encantao. Cuando yo era más chiquitillo lo celebrábamos mucho mejor que ahora. Se unía más la familia y comprábamos pa hacer un arroz pa la tarde del 24. Lo celebrábamos con una paella pa toa[18] la familia, ¿sabes? Y los días 31, toa la familia uníos nos tomábamos las uvas y luego hacíamos una fiestecita en la casa de mi madre.

Pa nosotros, la familia son mu importante. Siempre nos ayudamos unos a otros, y pa mí, mi madre es mi madre, y mi hermano es mi hermano y mis primos son mis primos. Y

17. Separada.
18. Toda o Todas.

cuando les pasa algo, estoy yo ahí, y si les hace falta una ayuda y les puedo ayudar, voy a estar ahí, ¿entiende?

Los peores momentos en mi familia era cuando caía uno preso, caía otro... Tengo mucha familia que han caío preso, y también que estaba eso de la droga... y se peleaban entre ellos. Eso son malos momentos que pasó mi abuela y eso lo sufre la familia.

Lo que yo he aprendío de mi familia en verdad es el respeto y a ser un hombre. A ser un hombre en el sentío que yo ahora mismo me quedo solo y sé mantenerme en una casa. También saber respetar mucho porque siempre una persona mayor tiene más respeto que uno.

Por eso, cuando nos preguntan si queremos salir del barrio, por un lao queremos salir, pero por otro no queremos salir, porque es mi barrio. Un barrio que digamos que es como la casa de uno, ¿no? Porque hemos nacío ahí, nos hemos críao ahí y estamos toa la familia unía, ¿entiende? Y por eso no queremos salir. Si saliera del barrio toa estas cosas no las tendría. Cada uno por su lao y sería diferente.

Y encima, viviendo con mi madre, que yo la encuentro mu vieja y yo hasta que no falte mi madre... ¡No es que no quiera irme del barrio!, yo es que le pasa algo a mi madre y no estoy... y esa tristeza va a estar ahí conmigo el resto de mi vida. Porque, aunque ella haya hecho un mal pa mí algunas veces, ¡no sé, es raro!, pero me ha criao y si ella no me fuera cogío... Aunque haya pasao de mí, haya faltao al colegio... ¡pero es mi familia y yo eso lo valoro! Y cuando la veo me da hasta pena, ¿sabes? La quiero mucho, y yo el día que le pase algo, que espero que no, que dure mucho, po ya me despido de eso.

Así que, aunque el barrio ha cambiao mucho pa mejor, el estar en el barrio pa mí es eso, porque siempre estás con tu familia alrededor, si te hace falta algo puedes ir a casa de tu tío o de tus primas... ¿sabes? Aunque muchas veces pienso y cambio de opinión, pienso que algún día estaré solo y que quiero hacer mi vida y quiero tener mis cosas, ¿entiende? Un día, en un futuro, tener mi casa, mi coche y mi trabajito... y quiero proponerme sacarme unos estudios o algo la verdad y depender de mi vida, porque siempre no puedo estar con mi familia. ¡Yo qué sé!, pa mí la familia es sagrao, pero también tengo que pensar que hoy en día tiene que depender uno mismo de su propia vida.

Enfoques para la reflexión y el diálogo:

- ¿Qué os sugiere la expresión «*la familia es sagrao*»?

- ¿Qué elementos consideráis fundamentales para que la familia pueda generar procesos resilientes?

- ¿Qué papel juega el sentimiento de pertenencia en la superación de adversidades?

- ¿Qué influencia puede ejercer la familia en la construcción de la identidad personal?

Capítulo 3

Quien tenga la razón es la razón, y quien tenga la culpa, tiene la culpa. Los gitanos son mu justos

A mí me gusta ser gitano la verdad, yo me siento bien. A mí me gustaría que fuera hecho gitano puro, porque yo soy mestizo, ¿sabes? Pero a mí la raza gitana me gusta. Yo por un lao me siento puro porque yo siempre me criao con los gitanos, con mi abuela y en barrio de gitanos. Mi padre era payo, nunca lo he conocío; y mi madre gitana, pero me criao con la familia de mi madre, que son to gitanos. Así que yo soy gitano y tengo la actitud de un gitano, el pensamiento de un gitano, la manera de expresarme de un gitano, las cosas de un gitano, ¿entiende? Tengo toa esas cosas así, ¡que yo de payo no tengo na!

No he tenío problemas de niño así de pelearme, de niño no tanto. De grande si he tenío a lo mejor peleas con uno del barrio, de discutir, o a lo mejor mi gente se ha peleao y uno se tiene que pelear también, ¿entiende? Porque a lo mejor le pasa algo a alguien de mi familia y yo tengo que estar en medio. Así es como somos los gitanos. Cuando le pasa algo a uno, estamos to uníos y lo que pase, afrontarlo. Tengo que estar ahí porque es mi sangre, ¿entiende? Cuando yo he tenío problemas, toa mi familia se ha unío por mí, han hablao y han evitao más problemas.

Ya uno es más grande y ya yo no pienso igual que antes. Ahora hay una pelea y yo de esa pelea me quito del medio. Si se pelea mi familia o si se pelea alguien, de verdad, que yo intento evitar. A mí los abusos no me gustan, ni las peleas. ¡Me da mucho coraje las injusticias! Las peleas siempre traen mala suerte, porque lo más fácil del mundo es buscarte la ruina, ahora, desenliarla es más difícil.

Ahora, el día de mañana tocan a mis niños, a mi mujer o que le toque alguien a mi madre, ahí sí, porque me está tocando a mí, ¿entiende? Pero si a mí no me toca o no toca a quien está conmigo, yo veo una pelea y voy a intentar evitar, porque yo soy bueno, yo intento separtar[19]. ¿Pero si a mí me toca mis cosas? Ahí sí, ahí sí me tengo que pelear, ¿entiende?, ¡porque es así!

No me acuerdo mucho de cómo se solucionaban los conflictos en el barrio cuando yo era chiquitito porque yo veía, oía y me callaba, pero sí te digo, que los gitanos de antes, los gitanos vieos[20], eran mejor que los de ahora. Antes, cuando pasaba algo entre dos familias, venía el gitano vieo y decidía quién tenía la culpa. Él decía: «haber, explicarme qué ha pasao aquí», y una familia explicaba su visión y la otra familia explicaba su otra visión. Entonces el gitano vieo decía: «po la culpa la tienes tú», y a quien tenía la razón po también se lo decía, porque quien tenga la razón, es la razón, y quien tenga la culpa, tiene la culpa, ¿entiende? Las personas le tenían que hacer caso; los gitanos vieos decían una palabra y una palabra es. No puedes llevarle la contraria a un gitano vieo si tiene

19. Separar o evitar.
20. Viejo: persona mayor.

26

la razón. Es así, son más justos. Eso es lo que más me gusta de los gitanos, que son mu justos porque siempre van con la verdad por delante.

Lo que pasa también es que los gitanos antiguos son cerraos, ¡pero cerraos! Son así, es su manera y quieren llevar su ley. Cerraos en el sentío que a lo mejor alguien chivata o hace cosas que no tiene que hacer, po te echan del barrio y no te quieren ver más, pero ni a ti ni a tu familia, y te tienes que ir y dejar la casa. O, por ejemplo, si un gitano vieo ha quedao contigo en que mañana tú tienes que pagarle tanto dinero a una persona, esa es la palabra y ya no hay más que hablar. Y si por lo que sea, no me lo paga, tú a mí lo que me estás faltando es el respeto, ¿qué pasa que yo te digo a ti una cosa y tú no cumples? Eso es lo que tienen los gitanos vieos, es su pensamiento y tú no puedes llevarle la contraria nunca. Así es, te lo juro. Los gitanos antiguos son así.

Ya no hay gitanos vieos. Esos gitanos eran mi abuelo, que esté en gloria y dos o tres más. Ahora en Areniscas no hay. Hay unos cuantos que están en otros barrios, que si los llamamos vienen. Se respeta muchos a los patriarcas porque van a los sitios a evitar peleas. Antes había uno por familia y se unían to los vieos y hablaban y se arreglaba la cosa. Los vieos entienden más; los jovencillos no, los jovencillos lo apañan to a porrazos, y eso no está bien. A los vieos se les respetan más por los vieos que son, ¿sabes?

Después también, si un gitano se da a respetar, se da a respetar y ya está. Es como un rey, tienen que solucionar los problemas y hacerse cargo de sus cosas. Y tú tienes que comprender las cosas que te digan y si te tienes que callar, po te callas y aceptas. También los gitanos del culto, los pastores, son gitanos de respeto.

Eso es la ley del respeto y ya el respeto se ha perdío. Ya no hay na. ¿Pero sabes lo que más me gusta de la ley de los gitanos?, que to lo arreglamos hablando. Que yo, si tengo que arreglarlo contigo, yo me enfrento contigo y lo hablo. Yo soy gitano, voy contigo, voy a tu cara y a lo mejor nos ponemos a un laíto o nos tomamos un cafelito en el bar y lo hablamos, y quien tenga la razón es quien decide, ¿sabes?

Los gitanos tampoco son como los payos con las denuncias. Es mu raro que un gitano te denuncie, que yo no te tengo que meter en manos de payos[21]... Eso no está bien. Aunque hoy en día te denuncia cualquiera, por eso decimos que gitanos hoy en día hay pocos, porque ahora to el mundo se denuncia y eso pa nosotros está feísimo. Si es algo grave, está claro que lo denuncies, ¿pero por una tontería? Por eso decimos: «*no vea*[22] *los payos los chivatos*» o «*un payo no, que te chivata*».

Es que en verdad lo de chivatar son faltas de respeto, eso no está bien. A lo mejor que una persona está vendiendo algo, iyo qué sé, un poné[23]!, o que ha robao algo y tú me has chivatao a mí..., eso son faltas de respeto. A los chivatos no los queremos, ¿sabes por qué?, porque tú no tienes que meterte en la vida de nadie. ¿Dónde vas tú chivatándome a mí?, ¿yo te he hecho algo?, ¿yo te he molestao?, ¿qué me vas a meter tú preso?, ipo pa eso que lo haga la policía que pa eso es su trabajo!, ¿no? Eso es lo que pensamos los gitanos, que no se puede chivatar unos a

---

21. Se refiere a evitar procesos judiciales.
22. No veas: Expresión que indica exageración o ponderación.
23. Por ejemplo.

otros, porque somos como familia. Yo creo que la gente chivata por envidia o a lo mejor porque le tiene odio a esa persona.

Es que tú ahora mismo me denuncias, ¿y tú no sabes lo que tengo yo?, y pueden que me metan preso por las causas pendientes. Y la cárcel duele mucho, la cárcel nadie la quiere, entre rejas nadie quiere estar, ¿sabes lo que te digo? Yo he estao en la cárcel y duele mucho. He visto a mi familia en la cárcel, he visto a mis amigos en la cárcel y duele mucho... Tener que dejar a tus niños y a tu mujer y estar en la cárcel por mal de una persona, ¡no!, ¡eso lo veo yo fatal!

Pa mí la cultura gitana, la cultura buena, es que somos mu respetaos, que se respeta mucho. También, un gitano mira más por su familia. Si tú vas a una casa de un gitano o de una gitana y si hay cinco bocas en la casa y hay que tener otra boca más, ¡por otra boca no va a pasar na! Se mete en la casa y le pone un plato de comía. Y tú vas a la casa de un payo y no hace esas cosas que hace un gitano. Creo que los payos son más agarraos[24] pa ellos y los gitanos en verdad son más solidarios pa esas cosas. A esto es lo que me quiero referir. Es que hay cosas buenas de gitanos y cosas malas; y cosas buenas de payos y cosas malas, según... ¡No, perdón! Son cosas buenas de personas y cosas malas de personas, ¿entiende?, porque es según qué persona...

Pero hay cosas que no me gustan de los gitanos. Lo de que son mu cerraos no me gusta, porque lo que digan ellos tiene que ser así, y así no es. Porque cuando tú tienes la razón lo comprendemos, pero tampoco porque seas gitano tiene que ser lo que tú digas, ¿sabes? En ese sentío tienen que saber

24. Tacaños.

recomprender[25] a las personas y tienen que saber que cuándo pasa una cosa po hablarlo, porque to el mundo somos humanos, somos iguales, ¿sabes? Y yo soy gitano la verdad y yo me considero gitano y recomprendo que el payo es igual. Son lo mismo que yo, de carne y hueso y somos humanos, ¿sabes? Que porque sea payo no lo voy a rechazar.

Los gitanos lo que tenemos es eso, la fama, lo único... Pero honradamente, tú conoces un gitano y dices: *«uf, como gitanos no hay ninguno»*. ¡Yo qué sé!, el gitano tiene otro carácter...

—————⟩

Enfoques para la reflexión y el diálogo:

- ¿Qué os sugiere la expresión tener *"actitud o pensamiento de un gitano"*?

- ¿Consideráis que la cultura marginal y la cultura gitana se relacionan dentro de contextos de alta vulnerabilidad social?

- ¿Qué papel tiene la comunidad en los procesos resilientes? ¿Y qué acciones pueden poner en marcha para generar dichos procesos?

25. Volver a comprender.

Capítulo 4

Matando poquito a poco a la gente

¿Están quemando otro colchón? Eso es to los días. A mí me molesta que quemen colchones. Eso es humo. A la atmósfera la mata. Es malo y pa uno que respira, ¿no? Algunas veces yo paso por ahí y estoy en mi casa y cuando viene to ese humo pa la calle uno se tiene que tapar la nariz. Casi que no puede respirar, mu malo.

Los colchones lo queman pa venderlo. Antes había chatarra y veían unos colchones y lo dejaban de pasar, no era tanto. Con lo colchones no se gana na. ¡Po ea! Ahora to los colchones que ven los cogen y el plástico también lo cogen, ¡y el plástico no pesa na! Lo cogen pa venderlo de la vida tan mala que está. A lo mejor siete u ocho colchones que yo pienso que serán 10 o 15 euros, más no. ¡O es mucho lo que te estoy diciendo!, porque lo que cogen es el alambre de dentro y eso no pesa na. Pero como está la vida, es lo único que hay, porque chatarra ahora no hay.

La gente se dedica a chatarrero y como ya está la chatarra mala po con las paguillas[26] que tienen se mantienen, y algunos

---

26. Prestación económica.

que no tienen paga po chatarreando, sino robando. La gente vive de eso.

El barrio tiene por lo menos 29 o 28 años. Me acuerdo del barrio, estaba mu mal, pedías un favor y no te lo hacían. Venía un payito con un coche nuevo o un taxista y le firlaban[27] o le partían el coche, pero porque ante estaba la droga, ¿entiende? Cuando estaba la droga era mu malo, había mucho enganchao tirao por las calles metiéndose pinchazos y por una paquetilla[28] vendían a lo mejor un cacho[29] móvil que le costaría 300 o 400 euros, o vender un coche nuevo pa droga. Eso lo ha llegao a hacer la gente, ¿entiende? Y venir también los payos de fuera que tienen mucho dinero, que están trabajando, dejar su trabajo y venir por la droga.

Se vendía droga pa ganarse de comer. Eso era un trabajo pa ellos, ¿entiende? Pa no menearse por la mañana, pa no levantarse por la mañana a trabajar como natural. Pa trabajar en un trabajo bueno y ganar dinero limpio po no se levantaban. Eran mu vagos. Se levantaban a las dos o las tres de la tarde y se ponían por la noche o por la tarde a vender y ganaban el doble que trabajando.

Cuando se quitó la droga y to eso, tendría yo 11 o 12 años. Me pasao por lo menos cuatro o cinco años viendo eso y había muchos, pero muchos enganchaos y muchas cosas malas.

Y es que la heroína es mu mala. Antes no entraba la policía. Antes eso era una feria de enganchaos. To el mundo tenía dinero porque se vendía mucha droga, porque es que no entraba la policía. La droga era libre. Y la policía cuando entraba, le

27. Robar o estafar (en caló, *birlar*).
28. Formato en el que se vende la heroína.
29. De alta calidad.

daba miedo. Entraban a lo mejor una o dos veces, pero se iban. Hasta que pegó fuerte la policía. Venían los fejetubios[30], esos que tienen los coches grandes, se llenó to el barrio de policías y se lió a porrazos con to los gitanos, y ya se llevaron a dos o tres del barrio. Ya empezaron a hacer los registros, a llevarse a la gente que vende, a llevarse los enganchaos..., y se fue quitando a poquito a poco. A to el mundo le daba miedo y ya dijeron los gitanos: *«ya no vamos a vender más droga porque vamos a entrar preso»*, ¿entiende? Y ya le cogieron susto a eso y ende[31] ahí, empezó a cambiar el barrio.

Ahora ya no hay droga. A lo mejor se vende chocolatillo, pero droga ninguno vende porque no se ve la droga. Eso se ve rápido. De mi familia empezaron a quitarse porque no había na y pa ir a otros barrios preferían quedarse ahí en el barrio y no ir. Por eso empezaron a quitarse, tomándose la metadona. Se quitó la droga en el barrio y empezaron a quitarse to los enganchaos y a recuperarse, ¡que eso pa nosotros es una alegría!, y pa los padres, ¡una alegría!, ¿entiende?

Yo nunca, nunca he caío, ni la probao. Casi ninguno[32] hemos caío porque hemos visto como nuestra familia estaba mu mal y casi morirse. Por eso me alegro que se haya quitao la droga. Yo me alegro mucho. Me alegro porque eso es como matando poquito a poquito a la gente. Eso es quitarle la vida. Ellos mismos se están quitando la vida, ¿entiende? Es lo que yo veo. Se han quitao un puñao[33], pero se han muerto un puñao. Cuando se quitan de la droga es cuando están cayen-

---

30. Policía antidisturbios.
31. Desde.
32. Se refiere a su generación.
33. Puñado: Muchos.

do[34], ahora es cuando están cayendo to. Ahora es cuando está afectando.

Por eso el barrio es tan deso que tú dices: *«Las Areniscas»*, y está mu mal visto: *«¡no vea el barrio!, allí no entre que te roban, allí no entre que te firlan, allí no entre que te matan, que eso son...»* ¡yo qué sé! Piensan malamente del barrio por eso, por la fama que tenía antes, ¿entiende? Pero la gente que opina del barrio no sabe cómo está el barrio ahora. Porque ahora entra y se quedan sorprendíos, porque no es como antes.

En el barrio hay gente que son mu buenos, tienen mu buen corazón, pero lo malo es que están en este barrio. El barrio es lo que lo mantiene el ser lo que es el barrio. En verdad lo suyo es la salida del barrio. Es lo que cambiaría to: a las personas, al ambiente, lo cambiaría to, vieo[35]. ¡Pero a to el mundo! Porque allí hay personas que son mu buenas, ¡buenísimas, eh! y tienen buen corazón, y se echan a perder por el barrio.

Aquí no hay salida. No se puede trabajar. Tú miras pa allá y ve el campo, ve la perrera, se ve el desguace, las vías... No tienes esa oportunidad de salir, conocer a gente buena, a otras amistades, ¿entiende?

Siempre conocemos a los mismos. Que si uno se levanta una mañana y le falta el canuto se lía a chillar, po eso es lo que tú escuchas, ¡pero eso de to la vida! Desde que yo nací estoy escuchando eso. Y a lo mejor se levanta uno y se pelea con el vecino o se pelea con la familia... Po to eso.

La gente tendría buen corazón, pero el problema se puede decir en el sentío, que a lo mejor un hombre que fuma tiene un

34. Falleciendo.
35. Expresión malagueña.

problema. Eso es un problema mu grande porque cuando le falta eso, eso es como su energía y se echa a fumar por culpa del barrio. Pero si ese hombre fuera estao en otro lao no se echa a fumar, pero como en este barrio siempre había, con perdón de la palabra, mierdas de esas, po no hay otra cosa que hacer y se echa a eso. Tu hace un hoyo, cae uno y con el tiempo caerá otro, hasta que caigan to. Lo más listos, las personas como yo que no fumamos, como mi hermano, que son más listos, se han dao la vuelta y no han entrao en el bujero[36].

Yo creo que la gente empieza por la juntera mala. También se mete en eso por los problemas que tienen. Ellos mismos lo dicen porque yo he vivío la experiencia y yo creo que es así. Porque otra cosa no puede ser y ellos lo piensan: *«estoy amargao vieo, salgo de mi casa y siempre veo las mismas caras, si no peleo con mi mujer, si no peleo con mis niños»*, ¿entiende? Entonces dicen: *«hoy me voy a beber una cerveza pa que se quiten los problemas. Me voy a beber otra. Al otro día, po pa beberme dos me voy a beber tres mejor. Al otro día, po hoy me voy a beber cuatro»*. Hasta que llega el día que se emborracha y dice: *«siempre estoy borracho y estoy tirao en el suelo, po voy a tomarme una rayita, ¡uy, po esto me sienta mu bien! Po mira, cada vez que me tomo esto se me quita to los problemas que tengo en la cabeza. Se me quita los problemas de mi mujer, de mi familia, se me quita los problemas de la gente de allí... ¡qué feliz vieo, con esto no pienso en na!»*.

Y por eso caen. Y ellos piensan que eso es bueno ¡y qué va! Eso te está comiendo las neuronas y te está matando poquito a poco, ¿entiende? Que el día de mañana se da cuenta que se

---

36. *Agujero*: se refiere a que han evitado el consumo de heroína.

quiere quitar y ya no puede. Pa quitarse tiene que tener un tratamiento, que eso es la metadona. Es difícil. Eso es pasar mucha fatiga.

Tienes que tener mucha deso pa no caer en el hueco, mucha paciencia y mucho de ahí (se señala la cabeza), ¿entiende?, pa no caer. Eso es como dice David que, si hay una curva y tú sabes que te vas a matar, tienes de aquí (se señala la cabeza), párate, frena, te das la vuelta y no coges la curva porque te matas. Bueno, po el barrio está metío en la curva y se han matao.

Enfoques para la reflexión y el diálogo:

- ¿Qué os sugiere la expresión *«matando poquito a poco a la gente»*?

- ¿Qué relevancia creéis que tiene la influencia de los distintos ambientes en el desarrollo de la persona?

- ¿Qué papel creéis que pueden ejercer los procesos de resistencia en un contexto de alta vulnerabilidad social?

Capítulo 5

En el barrio se infectan

Ahí está el desguace, la chatarrería está un poco más pa allá, el vertedero está un poquillo más pa arriba, por detrás de esos montes, y aquello del fondo es el cementerio. Eso es la universidad y ahí está la vía del tren. El edificio chiquitito es lo del tren. Nosotros le decimos a esto las vías porque está el metro.

Antes to esto era campo y no podía salir uno. Ahora es una alegría pa nosotros porque nos venimos a andar por las vías, nos paseamos y salimos un poquito del barrio. Nos sentamos aquí y charlamos. Lo malo es que la parada del metro está un poquillo más pa arriba. Me parece chunguillo que no haya parada de metro en el barrio. Estaría bien que pusieran por lo menos la parada por donde está la línea del 23, porque ahora lo tenemos que coger arriba, tienes que cruzar la carretera y esta carretera es mu mala. Es un peligro.

El barrio está en un hoyo. Recuerdo cuando se inundó. ¡Yo pasé una fatiga! Medio barrio se inundó. A las cinco de la mañana el agua llegaba por el cuello y los padres sacando a sus niños chicos. En el barrio hay dos puentes y estaban taponaos por el agua y empezó to a hundirse. Fue como un hoyo, como una piscina, empezó to a llenarse, a llenarse, a llenarse, hasta que nos dimos cuenta. ¡Y porque paró una mijilla, qué si no...! Mu mal. Es que no tienen visión. Estamos metíos en un boquete, por eso se hundió.

Cuando yo era pequeño, tendría unos ocho o nueve años, me acuerdo que el barrio estaba mu mal. Las escaleras eran de piedra y arena y las calles igual. Luego estaba... estaba la vida mu mal. Cuando yo tenía esa edad no estaba la crisis tan fuerte. Estaban las cosas mal, pero había más dinero. Yo era también un niño y no pensaba tanto como ahora que tengo 19 años, ¿sabes? Pienso que cuando era un niño estaba más... era más feliz. Mi madre, mi gente era más feliz. Tenían más dinero y casi to estaban trabajando también, ¡y en esos tiempos estaba la cosa mal! Pero era más feliz que en estos tiempos que estamos ahora.

Pero bueno, vivir, vivimos bien porque na más que buscamos pa comer y no pagamos agua, no pagamos luz, no pagamos comunidad, esas cosas... Pagamos la comida, lo que comemos. Buscamos na más que pa comer. No es un barrio que te tiene que estar buscando la vida pa pagar toa las cosas. Las casas no están mal del to. Pero hay algunas personas que no tienen dinero y tienen las casas fatal.

Las tiendas están bien la verdad, hay algunas cosillas pero no hay otras cosas. A lo mejor, tú te levantas por la mañana y quieres desayunar y no puede, no hay bares, ¿entiende? Y después por la noche, si tú quieres ir a cenar no puedes, ¡no hay! En la tienda puedes comprar pa comer y tú te lo haces en tu casa. Y por la noche ponen un deso de camperos y de hamburguesas, pero en *mini*, ¿entiende? Lo hace la gente del barrio.

Una de las cosas malas que tiene mi barrio es que, si tú te quieres ir a lo mejor a comprarte ropa o a verla o ir a un bar a tomarte lo que tú quieras, no puedes. Porque estos sitios no están en mi barrio. Pa eso tienes que coger el autobús ¡porque andando no te vas a ir, porque te pilla un cacho lejos! Así que por un lao queremos salir porque ya llevamos mucho tiempo en el barrio. Y es un barrio que somos casi to familia, y que nos llevamos bien también. Pero es que es un barrio que hay muchas cosas malas, muchas cosas malas, ¿entiende? Por eso quiere uno salir de aquí. Es un barrio que no tiene vida, que no tiene solución, que tú dices: «¡*uf, no vea!*» ¡Yo qué sé, que yo no me encuentro a gusto! Yo me encuentro a gusto porque tengo mi familia y es mi barrio, pero tú estás en el centro de la ciudad y te puedes ir a un centro comercial, te puedes comprar ropa, puedes ir a tomarte un cafelito en un bar, ¿entiende?

A uno le gustaría volver atrás y ser un niño otra vez porque cuando eres un niño te entretienes con algo, ¿sabes lo que te digo? Yo me sentía... yo me sentía más feliz porque era un niño y no miraba las cosas malas. Pero cuando ya empecé a hacerme grande, po ya me daba cuenta de toa estas cosas.

Yo cuando era más chiquitillo pensaba que iba a ser mejor, que iba a ser otra persona. Algunas veces he pensao que iba a ser lo que yo veía, porque siempre he visto cosas malas y he pensao: «*¿a ver si yo cuando sea más grande cambio y descubro, y cojo experiencia de un enganchao? ¡No puede ser, a mí no me gusta hacer estas cosas!*» Ahí me esforzao un montón. ¿Tú sabes lo que yo he aguantao, *pum, pum,* estar con tu coleguita, y darte un cigarro y darte algo y decir que no?

Es que no sé qué tiene este barrio porque... Te voy a ser sincero la verdad, en este barrio te motivas poco. Tiene algo que te hace vago y eso hace que me cueste más de lo que te cuesta a ti. Este es un barrio donde no tienes las mismas oportunidades que en otro. A mí me han criao así, ¿sabes? A nunca trabajar, a nunca ir al colegio mucho, porque yo al colegio iba obligado, en el sentío que si no te llevaba la asistenta... Cosas así es lo que te hace vago y hace que me cueste ir a estudiar, hacer las cosas...

Luego hay cosas como estar bien con tu familia, que hay una fiesta o algo, o estás estudiando o estás haciendo algo, ¡yo qué sé!, o te vas a tomarte algo con tus colegas, eso sí te motiva. Pero aquí hay poco que te motive.

También es un barrio donde no miran lo noble, vieo. Creo que es por la impotencia de no tener o por la envidia, ¡porque la envidia es mu mala allí! Porque a mí me da coraje que digan: *«¡no vea los payos, que le ayudan a los que tienen sus estudios o a los que están trabajando! ¡Y a uno que no tiene na, que está enmayao[37] y tiene niños!, ¿no le ayuda?»*. Y si no le das, po pone mala cara y te quiere pegar y to. Eso es lo que yo no entiendo. Porque a mí me ha pasao, que a lo mejor me han ayudao y como yo vivo en el barrio, lo han visto algunas personas y le dan envidia. ¡Es el coraje que le da a los gitanos! Y como piensan unos, piensan los otros, ¿entiende? Yo creo que lo piensan y luego se arrepienten, porque son personas.

Yo sé que esa envidia siempre va a estar, ¿sabes? Hay más de uno en el barrio que me han envidiao... Porque yo sé que alegrarse, no se alegran. No me lo tomo mal, si tú no te alegras, ¿qué quieres que te diga? Yo estoy pa ayudarte, porque yo no soy como tú. Si tú me coges a mi rencor yo no voy a co-

---

37. Hambriento.

gerte rencor porque tú me cojas a mí. Yo paso de ti y ya está. Y si no hay que hablarte, po no te hablo, y si el día de mañana hay que darte un consejo, te lo doy, pero porque yo soy así.

Cuando hago cosas de payos, mis amigos me dicen: «¡no ve el castellano[38] lo que hace!, ¡tú estás tonto, tú lo que estás es perdiendo la cabeza!» O me dicen: «no vea el payo, se cree ya... se cree formal él, ya se cree un maestro». Na más saben criticar. Eso es lo que más le sale a las personas del barrio, pero yo no me guío por sus palabras. Mira, hace dos días fui a dar una charla y se veía gente importante y me vestí, me arreglé bien... en manera de payo, ¿sabes? ¿Te digo que me dijeron los de mi barrio?: «¡no vea el Jose, que parece un cura!, ¿dónde vas tan payito?» Y yo se lo expliqué to, pero na más que saben meterse con uno. Uno decía que parecía un cura, el otro que si parece un payo, el otro que si... ¡uf, muchas cosas! Pero cosas buenas pocas.

Las Areniscas es un barrio donde lo que hace uno, lo hacen to. Por ejemplo, yo soy un vago y a mí no me gusta trabajar, y no estudio, yo me gano la vida en hacer otras cosas, ¿no? Y tú me ves a mí y haces lo mismo que yo, y detrás de ti tu amigo hace lo mismo, y así, así, así... hasta que infecta el barrio. Y las mismas personas hacemos lo mismo.

Tu vives a lo mejor en otro lao, en otro barrio, y la gente hace a lo mejor lo que tú: estás empezando a estudiar, vas a hacer una carrera pa maestro o quieres hacer una carrera de abogao, el otro... ¿entiende? Es diferente. O estás viviendo en un bloque y pones la música a toa voz y el vecino llama a la policía, ¿entiende? Aquí en el barrio no, como si quiere beberse

38. Sinónimo de payo.

41

una lata de refresco y tirarla al suelo, ¡que no pasa na! Como si quiere poner la música a toa voz... Hacen lo que quieren, no los molesta nadie. Así es la gente, se fían[39] por uno, por otro... Una persona hace una cosa y la otra hace lo mismo.

A mí me ha pasao también. No he hecho cosas malas, ¡bueno, según qué cosas! Sí que me han dicho: *«vamos a ir a tal lao a coger esto»*, y *esto* es de otra persona, no nuestro, y lo cogemos. Y a lo mejor yo no quiero. Yo no hago esas cosas, pero me engañan. Me dicen: *«venga que vamos a ganar un dineral y nos lo vamos a gastar en esto y en lo otro»*, y si digo que no, me dicen: *«no vea este que está amargao»*. Y por decirme eso y no quedar malamente y que no se enfaden, voy... ¿entiende? Y después me arrepiento y cuando estoy en mi casa me hincho de llorar y pienso: *«¿cómo he hecho yo esto, vieo? ¡Con la persona que yo soy...!»*.

Hay personas buenas. En mi barrio hay personas buenas, que tienen buen corazón. Pero la vida que hay... allí llega. Llega más tarde o más temprano, llega siempre al mismo lao, ¿sabes? Aunque tú no quieras, si tú te cría en un lao así y escuchas un día, y así otro día, y otro día... Es como digo yo, la memoria es un chip y tu mente lo graba to. Po una cosa así. Si a ti te hablan to los días de esto, esto y esto... se queda grabao, hasta que lo haces. Y pa cuando lo haces, te arrepientes, ¿sabes?

Por to eso entré en prisión, ¿sabes? Y me arrepentí, la verdad. Y ya verás que de aquí pa alante[40] eso me va a servir. Que yo ahí no entro más. Me sirvió. Si no hubiera vivío en el barrio no fueran pasao esas cosas. No hubiera pasao... no hubiera

---

39. Fijar, imitar.
40. Adelante.

estao en esa situación. Fue por el barrio, por la influencia en donde he vivío, por la juntera que me he juntao, ¿sabes? Por lo que me he criao. Si yo hubiera nacío en otro barrio fuera estao en otra situación mejor. No sé si es mejor... ¡yo qué sé! Pero hubiera tenío otras cositas... Pero yo no he tenío esa oportunidad.

Un día, hablando con unos educadores, me decían que soy una buena persona y que tengo que salir del barrio. Que lo que me falta es salir del barrio y ya está. Saber de mi familia y saber sobrevivir. Y compartir las cosas con otras personas como yo, ¿sabes? Eso es bueno. Y que soy un niño que valgo mucho... Eso es lo que me decían.

Pienso que tienen toa la razón. Que no me deje llevar por las personas malas... ¡Yo qué sé, que yo tengo algo! Que cuando vaya a mi barrio y me digan: *«¡no ve que parece un payito!»*, que no me guíe por las personas malas, ¿sabes? Que no me guíe por la gente que dicen cosas malas de las personas. Que yo piense realmente lo que yo tengo. También me decían que tengo que mirarme a mí mismo. Es verdad que eso es mu difícil, que tú te quieras ahora mismo, eso es mu difícil. Que yo, lo que tengo bueno... que lo tengo que ver. Y que me quiera a mí mismo. Eso me gusta a mí, ¿sabes?

Y es que yo no quiero ser como la gente del barrio, vieo. No quiero vivir como ellos. Yo quiero vivir de otra manera, ¿entiende? Pero, sin estudios hoy en día, pa ganarte la vida, ¿cómo te la ganas? Porque pa ir a pedir trabajo en to laos te piden el graduado. Ahora me busco un cursillo, o un trabajo de 15 días o un trabajo de seis meses, y es como yo digo: *«¿siempre voy a estar así?»*. A mí me gustaría trabajar y estar fijo o, aunque no esté fijo, estar trabajando y que siempre te estén llamando. Y sobretó, tener un oficio y que el trabajo me guste. Y pa eso tienes que estudiar.

⟶⟩

Enfoques para la reflexión y el diálogo:

- ¿Qué elementos creéis que generan *infección* en los barrios marginales?

- ¿Cuáles son los factores de exclusión ligados a las desigualdades a nivel estructural?

- ¿Cómo se puede romper con las desigualdades estructurales desde la acción socioeducativa?

- ¿En qué medida los procesos de socialización en contextos vulnerables influyen en el desarrollo del determinismo social?

CAPÍTULO 6

Un trabajito hace a las personas más buenas

En este momento estoy feliz porque estamos hablando y me encuentro bien. Pero hay otros momentos en los que me encuentro mal. Pa mí la felicidad es cuando uno está trabajando, está haciendo cosas, gana su dinerito... Eso es un hombre feliz, que no falte de na, ¿sabes lo que te digo?

A mí me gustaría ser barrendero en el barrio o donde sea. En verdad me gustaría ser en otro lao mejor, por ejemplo, en el centro y ver a las personas por las calles. Me gusta mucho eso. También me gusta mucho electricista o fontanero. Y lo que me encanta también es maestro, ¿sabes por qué? Porque en la escuela de verano me sentí mu feliz. No sabía lo que era un monitor pa los niños y yo con los niños flipaba. Yo no sabía lo que era trabajar en la escuela de verano y desde ahí me está gustando, ¡me encantó ese trabajo! Yo flipaba con los maestros que había, con los monitores, con la gente de la cocina, porque son súper buenos, son cariñosos y además son gente que conozco de toa la vida y yo me sentía... ¡uf, mu cariñoso, la verdad!

También me sentí mu feliz cuando estaba en el Trampolín[41] porque estaba trabajando con gente de mi barrio y con una maestra súper guay. También me tenía que levantar to los días, ¡como un trabajo! Yo me lo tomaba como un trabajo. Aprendí muchas cosas. Siempre se aprende algo nuevo y eso es lo más bonito que hay. Hicimos un mural donde se ven las montañas, las casillas, los árboles... era un dibujo del barrio. Teníamos que recalcar el dibujo y luego le poníamos trozos de lozas pa luego ponerlo en una pared del colegio. ¡Y quedó chulísimo, quedó precioso!

La gente que está trabajando, ¡no ve qué alegría! Se siente como diciendo: «a mí no me hace falta na», o «si no fuera sido por el trabajo, ¿qué haría yo con mi vida?». La gente cuando trabaja se siente a gusto, mu a gusto. Se sienten bien porque tienen pa alimentar a sus niños, pa alimentar a su mujer, tienen pa sus cosas... Y uno que está como yo soltero y no tiene na a cargo, po está mejor, ¿entiende?

Pa mí el trabajo no tiene cosas malas, ¿eso que va a tener malo? Pero hay algunas personas que no quieren trabajar, que son mu vagos y quieren estar mu cómodos. Quieren estar a la vida buena, durmiendo y cuando se levanten quieren tener el plato en la mesa. ¡Eso no es vida buena! Pa mí eso no es vida, porque trabajar también te diviertes mucho, aprendes muchas cosas, estas distraío, ¡que no es solo por el dinero, que a mí también me gustaría trabajar por eso! Pero sobretó, pa que cuando me levante por la mañana pueda contar con algo, ¿entiende? No que cuando me levanto por la mañana no

---

41. Trampolín: pre-taller para enseñar oficios donde participaban jóvenes del barrio.

cuento con na, no tengo na que hacer y a mí no me gusta eso de sentirme un vago.

Porque hay gente que son vagas, pero hay gente que no le gusta ser vaga y esa gente lo pasa mal. En mi barrio se enteran que hay un cursillo de seis meses que te están pagando, ¡y to el barrio entero está allí! Fui a echar un curso de cuatro meses pagao, que te pagaban 400 euros to los meses. Tenían que coger a 15 personas y cuando yo fui, me pegué una hora en la cola, ¡tú fíjate, to el mundo va frito por trabajar! Por eso los políticos no pueden decir que somos vagos. No, porque si tú me pones un trabajo, yo trabajo.

Sé que el dinero lo hace to en esta vida, lo hace to, ¡te lo digo en serio! To el mundo dice: «*prefiero tener un cachito pan to los días que tener mucho dinero. Tener mucho dinero te puede hacer un infeliz, pero teniendo un cachito pan puede ser el más feliz del mundo*». Eso es lo que dicen, pero en verdad así no es. Realmente tú con dinero te meneas, si no ¿cómo te meneas?, ¿cómo te expresas? Porque en esta vida, ¡tú fíjate, hay que pagar hasta la muerte! Si tú tienes un familiar que se muere, ¿tú cómo lo entierras?, ¡tú tienes que pagar! ¿Tú cómo pagas eso?, con dinero. ¿Tú cómo comes?, con dinero. Cuando te pones malo, ¿cómo te compras los medicamentos?, con dinero. ¡To es dinero! Y si tú no tienes ese dinero, ¿tú qué haces? Po te sientes desanimao, triste y haces cualquier cosa, y más que tengas niños y una casa pa mantener, ¿tú cómo te sientes?

En mi casa habemos yo, mi abuela, mi hermano y un tío mío que está conmigo. Somos cuatro y mi mama cobra de la paguilla 15.000 duros, que se dice en pesetas, que son 300 euros y 50 más. Con eso no pasamos el mes. Mi mama compra cosas básicas, que no compra cosas buenas, ¿entiende? Compra cosas pa pasar el mes... Te estoy diciendo que no tenemos y somos cuatro personas, ¡tú imagínate una familia!

También te voy a decir una cosa... lo que es malo también es trabajar to tu vida, porque no tienes tu vida. Hay gente que se pega 10 horas trabajando al día y eso no es vida. Estas trabajando, pero no es vida, porque tú lo que estás es a poquito a poco quitándote la vida. To los días trabajando tampoco es bueno. Es bueno porque te gana el dinero, ¿entiende? Tienes que ganarlo así, otra manera no hay pa seguir palante. Pero el día de mañana que tu tengas 80 años y to tu vida trabajando, te vas a encontrar hecho peazos y no has disfrutao na de la vida.

Yo te voy a decir mi verdad, aquí no pagamos na y a mí me gustaría pagar, pero teniendo un trabajito, si yo no tengo trabajo, ¿cómo voy a pagarlo? Me gustaría pagar un seguro de casa, pagar la limpieza, pagar la luz y el agua... Me gustaría pagarlo porque eso es normal, ¿no? Lo paga to el mundo, pero es pa tener un trabajito. Si uno no tiene trabajo no me gustaría pagarlo porque no tengo dinero.

El trabajar te lleva a la felicidad. Yo ahora mismo en verdad, no soy un hombre tan feliz. Yo siempre intento estar contento, pero en el sentío de mi casa no, porque a mí me gustaría depender de mí y no de nadie. Yo tengo que depender de mi abuela porque vivo con ella. Tengo que esperar que me dé un dinero pa comprarme, a lo mejor, un poquito de ropa o si quiero irme a tomarme algo, ¡porque yo no tengo na y no puedo!

Así que, en ese sentío no soy feliz, ¿sabes? Un trabajo o ganarme la vida honradamente, siendo algo y que me paguen y teniendo to los meses algo, a mí eso me haría mu feliz. Así solo dependo de mí y no de la gente, ¿entiende? Así, el día de mañana, que yo tenga que pagarme lo que sea, lo pago de mi sudor.

A mí me gusta ganarme el dinero limpio, no me gusta ganarme el dinero robando o trapicheando, a mí no me gusta eso. A mí me gusta ganarme el dinero bien, que saliera de mí, ¿sabes? A mí eso me hace feliz, porque el día de mañana que yo diga: *«¡mira, que esto lo he pagao yo, por trabajar y por ser buen trabajador!»*. Eso me haría el más feliz del mundo entero.

Pa mí trabajar te hace un hombre normal, un hombre bueno. Trabajar cambia a las personas. Porque pa mí, lo que hace a las personas malas, lo que hace a las personas tener mucho odio, es que no hay trabajo, es que no tienen de na. Porque yo soy un niño y tengo 19 años, pero tengo la mentalidad de un hombre de 30, ¿entiende? Y la verdad, como uno no tiene trabajo, no tiene dinero, po te sientes amargao.

La necesidad es mu mala... y la necesidad es mala. Y hay veces que uno se echa a robar pa conseguir el dinero. Yo me ido a robar porque me encontraba mal, porque estaba sin dinero ninguno, ¿entiende? ¡Y yo no quiero dinero ahí a explotar! A lo mejor pa comprarme unos zapatitos que no tengo o por si quiero invitar a alguien a comerse una hamburguesa... y no puedo porque no tengo dinero. Po me voy a robar. Y ya lo que te estás haciendo es meterte preso tú mismo. Te estás buscando la ruina tú mismo, ¿entiende? Y luego, cuando tienes dinero, eres capaz de abandonar al amigo. Porque uno está acostumbrao a estar sin dinero y cuando coge un dinero po flipa.

Hay personas del barrio que están trabajando. Po ellos pa mí tienen la vida resuelta porque no les hace falta de na. Porque puede contar to los meses con algo y se pueden tomar algo, se pueden ir a comprarse algo, pueden ver si sale una película nueva, ¿entiende? Lo digo en ese sentío. ¡To lo tienes que pagar! Que aquí en esta vida tienes que pagar hasta pa la muerte, ¡y uno no paga ni el seguro! Tienes que pagarlo to y uno no tiene dinero. Y por eso el trabajo cambia to. Pero pa trabajar, te lo tienes que ganar. Un trabajito hace a las personas más buenas. Si fuera había trabajo, más de uno no se echa a la droga, no se echa a cosas malas.

Enfoques para la reflexión y el diálogo:

- ¿Qué os sugiere la expresión «*un trabajito hace a las personas más buenas*»?

- ¿Qué beneficios creéis que aporta tener un trabajo en el desarrollo integral de una persona?

- ¿Consideráis que existe relación entre *tener dignidad* y *tener un trabajo*?

- ¿Cómo puede ayudar un trabajo a favorecer el desarrollo de procesos de inclusión?

CAPÍTULO 7

Las personas que tienen mala vida no son malas, es que tienen mala vida

Lo malo que yo he hecho ha sido robar, es lo malo, pero yo he sido bueno con toa las personas. Es que no sé cómo decirte... Tú has empezao a estudiar desde chico y has tenío la oportunidad de tener un trabajo, tus cosas, ¿no? Y en vez de que en tu tiempo libre hayas estao por ahí de juerga o estar de bandoleo con tus amigos, en tu tiempo libre has estao estudiando. También es porque yo he vivío en este barrio... y tú no has vivío aquí. Pero yo he sido bueno. Quiero ser un hombre bien derecho y no quiero robar. No quiero llevarme esos sustos. Cogerte la policía y pegarte, ¡eso es un susto! ¡Y venga, tres días en los calabozos! Eso da susto, ¿entiende? Porque un niño se asusta de toa esas cosas.

To eso es peligroso y en esos momentos sabía que era peligroso. Lo hacía por la impotencia, porque no tenía otra cosa y tenía que hacerlo como por obligación, ¿entiende? Me veía obligao y ya está, porque a mí no me gusta robar, pero si robaba me ganaba dinero y por dinero lo hacía. Yo en esos momentos no reaccionaba, reaccionaba cuando estaba en el hecho, una vez que estaba en el peligro. A veces, cogía y me daba la vuelta, me quitaba del sitio rápido y ya está. Pero encima pa rematar del to, yo estaba en peligro de entrar a prisión, hasta que entré con 20 años. Así que, pa huir del peligro, pensé en no hacer más na, si me tenía que poner a estudiar, po a estudiar, lo que fuera pa evitar el peligro.

Por estas cosas, la gente se siente mal. Por eso tiene tanta fama el barrio, por cosas así, porque no tenemos dinero, ¿entiende? Y el dinero es mu malo y la necesidad es mu mala. Y cada persona tiene lo suyo. Que vengan tus niños y te digan: *«papá, tengo hambre»* y en la nevera no tenga de na. Y que ese padre no haga na... En esa situación, ¿tú qué harías? Porque no es pa mí, ¿pero pa mi hijo?, hago lo que sea.

Las personas que tienen mala vida no son malas, es que tienen mala vida. Es diferente mala vida y mala persona. Mala persona es que lo tiene to y es malo. Que te ve que a lo mejor te hace falta algo y no te ayuda, que te ve a lo mejor peleándote y lo que hace es dejarte ahí o lo único que hace es meter follón. ¡O yo qué sé!, que te hace falta un apoyo y no te ayuda, se pone tonto, te pega y abusa de ti y te desea lo peor. Eso es una mala persona.

En cambio, tener mala vida es una persona necesitá, como un vagabundo, que se tira a la calle. Son gente que no tienen dinero y están pasando hambre. Hay otras personas que tienen más y otras que tienen menos y eso es ser una persona necesitá. Y los que están pasando la vida perra son los vagabundos, la gente que no tiene casa, que está viviendo en la calle y que están tiraos en la calle durmiendo. Son gente que están con mucha necesidad y son gente que están mal. Eso es mala vida.

Mala vida es también tener tu casa, tener tu mujer y tener tus niños, y que tú no tengas trabajo y no puedas darles na.

Es como si yo tengo mi casa, mi familia, y no tengo na pa comprar, pa comer y tampoco tengo a nadie pa pedirle, ¡po me tengo que buscar la vida de otra manera! Y por no ir a robar, tengo que estar amargao... Porque no tengo ningún oficio pa ganarme el dinero, ganarme el dinero legal, ¿entiende? Eso es mala vida. Gente que está pasando hambre, ¡y cómo está la vida ahora! Y así es como está casi to el barrio.

Tener mala vida es un peligro. Yo no quiero que te ofendas, pero yo he vivío más cosas peligrosas que tú y tú tienes más años que yo. Yo tengo 21 años y he vivío cosas que tú dices: «*¡no vea, qué cosas ha vivío el niño!*». Cuando yo era pequeño, con ocho o siete años, he visto a mis tíos muriéndose de la droga o pegarle un tiro a un tío mío en la pierna y salir al médico corriendo, diciendo: «*¡que se muere!*» y al rato salir y decir que ha vuelto a nacer. O ver a mi madre metía en la droga, que eso también es un peligro porque la droga la puede matar, ¿sabes? También ver muchas peleas en la calle, ver peleas a cuchillazos... Cosas en las que he sufrío mucho, la verdad.

Yo caí en el robo por estas cosas, ¿entiende? Hacer cosas malas robando, ¡pero no es lo mismo tampoco como engancharte! Pa mí es más malo engancharte, porque eso te estás matando tú mismo. Si robas, te encuentras a lo mejor en la cárcel, pero ahí no vas a morir. En ese sentío, yo lo pensé y dije: «*ya no robo más, vieo*». Estaba acostumbrao, hasta que entré en la cárcel. Pero yo he robao por estas cosas, ¿entiende?

Tenía dos años y cuatro meses que cumplir. Me quitaron los cuatro meses y me echaron un día. Como a la Pantoja. Tenía que entrar porque es la ley, pero solo pensaba en que tenía que seguir palante y ya está.

Por estas cosas no me gusta la ley, ni los políticos... La ley no me parece justa. Porque pienso que hay personas como yo que no se merecían entrar, la verdad, que no se merecen estar en la cárcel. ¡No sé!, hay que darles oportunidades, porque yo soy un hombre que no tiene esa maldad, ¿sabes? Yo soy un hombre noble... ¡yo qué sé!

Yo sé que la ley la tenemos que respetar, porque es la ley, ¿no? Pero también que se comporte la ley con los pobres, que na más está con los ricos. La ley solo le da a la gente que no le hace falta de na y a la gente pobre, que solo tiene necesidad, po no, ¿entiende? Por eso nunca voy a votar, nunca he votao, ¡es que no sé ni cómo va! Pa mí los políticos son to un fantasmeo[42], te lo juro de verdad. Yo cuando sale en la tele es que ni lo veo, ni lo escucho. Hablan mucho y no dan trabajo, no dan na y lo que hacen es empeorar la vida. Porque cuando uno no tiene na, se echa a robar por no tener trabajo. Así que pa mí, los políticos solo saben ganar pa ellos... cogen el dinero pa ellos na más.

Cuando estaba en prisión alguna vez pensaba: «*un hombre como yo, un chaval como yo, tan noble, tan bueno... no se merece estar encerrao. No se merece estar en estas situaciones*». Me parecía injusto el tener que entrar, ¿sabes? Porque yo malo no soy, la verdad. Yo cosas de maldad no tengo apenas, tengo poquillas, ¿sabes? No soy un tío que le coja rencor a nadie, que no tengo maldad con nadie, que no tengo envidia de nadie. Estuve en prisión por las malas junteras y por las cosas que hice. Y creo que el destino me ha tenío como en *entre ojos*[43], y que

42. Postureo.
43. Vigilado.

cada vez que me veía, se creía que yo era malo, ¿sabes? Hasta que me echaron un delito y me lo tuve que comer... y ya está.

Y sí, yo estuve en prisión por una cosa que hice, porque robé y no me pidieron que lo pagara ni na, ¿sabes? ¡Y había más gente!, pero solo me pillaron a mí. Que encima estaba formándome cuando me llegó la condena. ¡Pero ya está!, lo que hice había que pagarlo. También he hecho otras cosillas y no me han pillao. Así que solo pensaba en que cuando saliese, salía limpio[44]. Porque yo allí, volver, no voy a volver más.

Enfoques para la reflexión y el diálogo:

- ¿Qué os sugiere la expresión *«tener mala vida»*?

- ¿Pensáis que se pueden ver alteradas las convicciones morales y/o valores de una persona cuando no se tienen las necesidades básicas cubiertas?

- ¿Cuáles consideráis que son los mecanismos de opresión que se ejercen políticamente para criminalizar la pobreza?

- ¿Qué acciones socioeducativas se pueden desarrollar para prevenir el encarcelamiento de jóvenes que viven procesos de exclusión?

---

44. Se refiere a salir de prisión sin ninguna causa pendiente.

Capítulo 8

El haberme criao en el barrio
me hacía llevar mejor la humillación

¡No se pegó tiempo mi madre en el módulo de mujeres! En el chabolo[45] que estuve yo. Una vez me lo dijo por carta, que estuvo en la misma cárcel, en el mismo módulo y en la 22, y a mí me pusieron también en la 22.

Recuerdo que hacía mucho frío. Cuando estabas un rato en el patio no porque hacía sol, pero cuando salías por los pasillos... ¡hacía un frío! Y en los chabolos hacía más frío que en cualquier sitio. Cuando dormía, recuerdo que me despertaba por las noches porque las paredes estaban congelá. También había un patio que le decían el *patio muerto*. Ahí hacía un frío que no vea, porque no daba na el sol. Pero la cárcel es la cárcel... y ya está.

Los funcionarios se quedaban dos días y se iban y venían otros. Eran siempre los mismos, ya los conocíamos. También había dos médicos que estaban también por las noches. Si alguien se ponía malo se lo llevaban directamente a la enfermería. Arriba, en el chabolo, tenías un botón pa llamar, pero algunas veces tu pulsabas el pito y ni venían ni na. Ahora, tú

45. Celda.

echabas una calá de humo o con un papelito, y como había un detector de humo, rápidamente venían. Pero no cuando llamabas.

La primera vez que entré al chabolo, yo no sabía que estaba el detector de humo y cuando me iba al baño, a mí me daba mucha vergüenza porque era la primera vez que meaba delante de alguien, en el sentío que no conocía a nadie. Ni iba a... ¿tú sabes?, delante de una persona que no conozco. Po cogí y enrelié[46] un papelito y lo encendí pa echar humo, y ahora el detector estaba arriba y de repente vino el funcionario y me dijo: «¿*qué estás fumando?*», y yo: «*no, que estaba dando de cuerpo y pa no oler po he encendío un papel*». Y me dice: «*¡po eso no lo hagas más!*», y yo: «*perdona, perdona...*». ¡No vea que vergüenza! Es que en dentro del chabolo, en el baño no había puerta, había una cortinita. Luego me fui acostumbrando y me daba igual. Echaba la cortina y abría la ventana.

El economato abría cuatro veces al día, dos veces por la mañana y dos por la tarde. Tú podías comprar tres cosas al día, ¿no? Pero cuando yo tenía una visita y venían cuatro o cinco personas, solo podía comprar, por ejemplo, tres bebidas y una se quedaba sin tomar na. Había normas que no entendía. Yo sé que era pa que la gente no abusara o no traficara con las cosas, pero a veces no entendía na.

Aun así, como decía yo, estaba en un módulo bien, ¡porque los otros módulos no vea cómo son! Pero vaya, ¡paripé to! Que en ese también pasaba igual. Pero bueno, tampoco se estaba mal. Pero pa un niño como yo, un niño bueno, no servía eso de na, porque si era pa aprender cosas buenas, aprendías cosas

46. Liar.

malas. Aprendías también cosas buenas, ¿sabes? Se aprendía de la vida pa cuando tú salieses, pa no cometer más errores, pa no volver allí. Eso lo aprendías, es verdad. Eso se te metía en la cabeza, que no quería más estar allí. Pero también aprendías cosas malas, sobretó, por cómo te trataban los funcionarios. Te trataban como a un perro. Abusaban mucho.

En el módulo que yo estuve era de respeto y los funcionarios abusaban en el sentío de que te mandaban mucho, porque quien se peleara lo echaban del tirón. Eso lo entendíamos, que allí no había peleas. Y no había gente traficando ni na, eso estaba mu controlao. Pero como dicen que era un módulo de respeto, de educación, ¡allí tenían que dar ejemplo! Los funcionarios tenían que dar ejemplo, ¿no? Po un día me estaba duchando y uno me llamó, yo no lo escuché porque estaba en el baño, así que me llamó otra vez y cuando salí me dice: *«¡ven pa acá! ¡Qué cómo tenga que llamarte dos veces, salgo pa fuera y te arranco la cabeza!»*, y yo: *«vale, vale, perdone usted...»*. ¡Eso no son maneras de llevarnos bien! Yo me callé, pero... ¿tú me vas a pegar a mí? ¡A mí no me pega ni mi padre! Creo que hacían esas cosas pa probarte como tú eras...

Recuerdo que un día había un funcionario que sacó su móvil, ¡pa encelarnos! Y se puso a hablar con su colega y dijo: *«¡eh!, ¿qué estás haciendo?, po na, yo aquí encerrando a los personajes»*.

Otro de los funcionarios se puso a decir en el patio: *«¡me tienes cabreao!, ¡me voy a liá a...»*. ¡Un tonto!, pero era funcionario y uno se tenía que callar. Me tenían hasta la polla, estaba harto. Ellos tenían que dar ejemplo, eran los funcionarios y ese era un módulo de respeto. Si hubiera estao en otro módulo... ¡yo qué sé!, en el nueve, en el cuatro o en el seis que son módulos más agresivos, po yo no discuto que dijesen esas cosas.

La convivencia allí te amargaba. Allí tenías que limpiar por cojones, te encontraras bien o te encontraras mal, si te dolía la cabeza, tenías que limpiar o si, por ejemplo, un día te levantabas con dolor en una pierna, tenías que levantar peso o coger la máquina esa pa limpiar el suelo... ¡por obligación! Y si no lo hacías, te echaban. Por eso digo, la convivencia era mala. Allí entraba mucha gente y se iba, ellos mismos pedían irse pa otro módulo porque no era como lo pintaban.

Cuando entré, to los presos me decían: «*has entrao al mejor módulo, un módulo de respeto que no hay nadie que te insulte, no hay peleas, no fuman... ¡un módulo perfecto!*». Pero la gente era mu embustera. ¡Hasta pensé en cambiarme de módulo!, pero lo pensé mejor y no me cambié. Tenía buen comportamiento, me metieron a trabajar... Solo pensaba que si seguía así me darían los permisos pronto.

Echaba de menos... echaba mucho de menos la paella, ¡es que a mí la paella me encanta! Allí la hacían, pero no era lo mismo que fuera. Los huevos fritos, unas papitas fritas, porque las de allí eran papas to tiesas. El puchero también lo echaba mucho de menos. ¡Pero lo que más echaba de menos era el café! Cada vez que me tomaba uno pensaba: «*cuando salga le voy a decir a mi mama que me dé un vaso lleno de café de pucherete[47]*».

Lo que más me costaba era hacer to los días lo mismo. Bajarme to los días, desayunar y al patio. Otra vez comer y pa arriba. Echarme un ratito la siesta y a las cuatro y media tenía

47. Forma de hacer el café en una olla pequeña.

que estar bajando. Un rato fuera, una hora más o menos y pa arriba. A las ocho recuento, tener que levantarte y pa abajo otra vez... ¡Uf, así era to los días! Tenía momentos de agobio, de estar harto. Solo pensaba en salir de allí. Eso es una mala experiencia pa uno, que no vale pa na. Allí me daba cuenta de to, pero eso era pa vivirlo, era sufrir por estar encerrao. La cárcel es una mala experiencia pa la gente, ¿sabes?

En prisión te dabas cuenta de que lo de allí era diferente a la calle, allí estabas encerrao por cojones, era una obligación. Te humillaban, te faltaban el respeto, te insultaban, como si fueras un perro... ¡porque uno por lo visto se sentía un perro, claro, son animales como tú! En la vida he hecho errores. To el mundo comete errores... pero allí como un perro te sentías. Y eso... eso me dolía mucho, porque decían tantas cosas por la boca...

En el tiempo que me pegué allí pensaba: «*menos mal que uno se ha criao en unas circunstancias malas y está acostumbrao a to*». Si yo fuera sido, ¿cómo te digo yo...?, ¡cómo tú!, ¡uf, yo allí no hubiera aguantao! Porque to lo de allí te sorprende. Yo creo que el haberme criao en el barrio me hacía llevar mejor la humillación. La verdad es que sí. Por eso, por un lao me alegro de vivir en Las Areniscas, porque siempre he conocío lo malo y en la cárcel no me asustaba. Pero por otro lao, no me alegro de haberme criao en el barrio, porque por eso estuve allí también.

Hubo muchos momentos en los que me enfadé con mi familia. Me llevé alguna que otra enrritación[48]. Recuerdo una de las veces que mis amigos me dijeron que iban a venir a un vis

---

48. Irritación.

a vis[49]. Yo no tenía dinero pa comprar cosas de dulces y una bebida, po se lo pedí a un chavalito de allí y me hizo el favor. Estaba ahí, to contento con toa las cosas, y me quedé esperando, esperando... y al final no vinieron. ¡Hasta le pregunté al funcionario qué era lo que pasaba! Me dijo: «*mira que no, que no van a venir*». Cuando me dijo eso llamé a mi madre pa que me explicara qué había pasao y no me lo cogió. A día de hoy no sé por qué no vinieron... Eso me dio un coraje que no vea, ¡hasta cambié los días de visitas y los borré pa el vis a vis! Es que estando allí metío uno se imaginaba cosas y cuando pasaba esto, llamaba por teléfono y no me lo cogían y a mí se me venía a la cabeza que había pasao algo.

Cuando me pasaban estas cosas yo lo apuntaba to en una libreta que tenía allí. El día que no vinieron mis amigos lo apunté y el payo me encontró raro, así que le dije que era porque no habían venío a verme. El psicólogo me dijo que tenía que estar tranquilo y que esas cosas las tenía que asimilar. Yo entendía que no pudieran venir una vez, pero otra, otra y otra que no podían... a mí eso me dolía. En comunicación[50] me hubiera dao más igual en el sentío de que no tenía que comprar na, pero pa el vis a vis me gastaba por lo menos cinco euros. Me daba coraje que no me avisaran y encima me gastaba el dinero. También que perdía el vis a vis y ya hasta el mes siguiente no tenía otro, y ya no podía ver a nadie que no fuese por cristales. Yo pensaba que era como una obligación que vinieran a verme, ¿sabes?, pero más o menos me esperaba que pasaran estas cosas.

49. Visitas privadas presenciales.
50. Visitas en sala compartida a través de un cristal.

Lo que más me ayudaba pa que pasara el tiempo rápido, era que te dabas cuenta de to y pensabas en to lo feo que tenía en la calle. En los errores, en reformar tu vida... Te dabas cuenta de to, a valorar lo de fuera y sobretó a pensar que hay que luchar por to cuando estás fuera. Yo pensaba mucho en la familia porque te dabas cuenta de quién te quiere, quién no te quiere, en los amigos, de lo que te hace falta una madre, un padre... ¿sabes? Y de lo que más se aprendía era de la vida.

Pero es mala experiencia. A veces pensaba en si María o David hubiesen estao allí... seguro que no hubieran aguantao. También he vivío malas experiencias en Las Areniscas y eso me sirvió pa to eso. Estoy acostumbrao a lo malo y no me asustaba... y eso es malo también. Allí los que entraban eran unos golfillos, que no habían hecho delitos graves. Eran golfos como yo, pero no soy mala persona.

Enfoques para la reflexión y el diálogo:

- ¿Qué os sugiere la expresión «*llevar mejor la humillación*»?

- ¿Qué importancia creéis que tienen los procesos de resistencia en contextos de privación de libertad?

- ¿Qué modelos relacionales imperan en un contexto de privación de libertad entre los principales agentes que participan en el mismo?

- ¿Qué tipo de acciones pueden resultar educativas y no meramente socializadoras en contextos de privación de libertad?

CAPÍTULO 9

Cuando yo conozco a una chavalita y le digo que soy del barrio, me bloquea por el móvil

Yo le pondría a Las Areniscas un nombre como en un barrio normal, como el Cortijo, como la Teja[51], ¿entiende? No Las Areniscas, que na más escuchar el nombre te da como deso... ¡que no entra! Le pondría otro nombre pa que la gente no se asuste y pa que la gente no piense cosas malas.

Es un barrio que tiene mala fama porque los mismos del barrio tiran[52] el barrio. Y por la tele, porque salió en ese programa y también cogió mala fama que no vea. El programa hizo mucho daño la verdad, a mí y a la gente de Las Areniscas le hizo mucho daño. ¿Porque yo sea del barrio voy a ser malo? En to laos hay cosas, en to los barrios, en toa España hay cosas malas y cosas buenas. Hay de to y siempre hay que conocer a la persona. Yo soy una persona igual que tú y porque yo sea del barrio no voy a ser mala persona.

Aquí a nadie se come. Yo escucho a las personas de fuera que son mu descaraos... se asustan. Pero Las Areniscas no es como lo pintan, no es como la gente se cree. Lo primero que

51. Barrios más integrados en la ciudad.
52. Hablar mal del barrio.

65

tiene que hacer una persona que entra aquí es conocer a las personas y conocer la situación que hay aquí. Por eso cuando tú vas por ahí te dicen cosas malas del barrio, porque tenemos una fama mu mala, ¡y eso a mí me mata porque es mi barrio! Y no hay que hablarlo... hay que vivirlo y despúes hablarlo.

Porque cuando uno va por ahí y a lo mejor conoce a una chavalita y le dice que es de Las Areniscas, no le hace gracia. Y si tú vas pa un trabajo, no te cogen por eso, ¿por qué?, ¿por qué sea del barrio? Po a uno le sienta mal, ¿entiende?

A mí me ha pasao que cuando yo conozco a una chavalita y le digo que soy del barrio, po coge y del tirón me bloquea y borra mi número. O si nos vemos el primer día y le digo de donde soy, ya no nos vemos más. Entonces, yo a alguna chavalita po la engañao y le he dicho que soy a lo mejor del Cortijo o de la Teja, hasta que la conoció y le he dicho la verdad, ¿entiende?

¡Yo es que no lo entiendo!, ¿por qué no aceptan el barrio? Es verdad que hay mucha diferencia, porque no es lo mismo que tú vivas en otro barrio que vas a buscar trabajo y tienes posibilidad de que te cojan, a que tú digas que eres de Las Areniscas... Na más decir que somos de Las Areniscas, con la fama que tiene, po no nos cogen. Ellos piensan que somos lo peor y en verdad así no es, porque to el mundo que ha entrao al barrio dice: *«yo me creía que era como lo pintaba la gente, pero así no es»*.

Pero lo que sí es verdad es que los payos tienen más oportunidades que los gitanos. Una vez fui con mi tío a pedir trabajo y cuando estábamos allí, le preguntaron: *«¿tú de dónde eres?»*, y dice: *«de Areniscas»*, y le contesta: *«¿de dónde?»*. Y han cogío el currículum y conforme coge el papel, tirarlo a la basura delante de nosotros. Por ser gitano y por saber dónde vivimos... y eso yo no lo veo bien. ¿Por qué sea gitano nos vas a tirar tú el papel y encima lo hagas delante de nosotros? Po por esto, el gitano ya de ahí se empica[53] y dice: *«¡no ve el payo!»*, y se va a rebotar, ¿sabes lo que te digo?

Por eso me parece injusto las personas que se creen mu fuertes. Las que se creen que se van a comer el mundo y que se creen mu golosos[54] porque tienen mucho dinero. Estas personas se creen que son los mejores del mundo. O, por ejemplo, un payo que tenga muchos estudios y uno que no sepa hablar bien, po que se cachondee de mí por eso, ¿sabes? A mí eso me quema mucho porque tú eres igual que yo, lo que pasa es que tú tienes unos estudios, ¡pero eso no tiene que ver na!, porque los dos somos personas.

También hay algunos gitanos que porque tengan mucho dinero o tengan un coche... ¡yo qué sé, que se quieren comer el mundo! O siempre tienen que estar de peleas o buscándote la boca, riéndose de ti. Y eso a mí me mata, porque se creen mu chulitos y tú eres igual que yo.

Tenemos que pensar que tú eres igual que yo. ¡To somos humanos! Y, al fin y al cabo, vamos a ir to el mundo al boquete, ¡aunque tú no quieras! ¿O es que tú por ser el más chulo te vas a quedar en la tierra? Eso ya es cuando nos toque, cada uno tiene su número y a to el mundo le toca. Eso es lo que pienso.

¿Tú sabes lo bonito que es llevarnos bien, llevarnos como hermanos y to mirarnos como nos merecemos? ¡Porque yo te veo a ti igual que a mí! Si tú tienes un trabajo es porque te lo has ganao tú y yo me alegro. No ahora, porque yo tenga

53. Enfadar.
54. Importantes.

trabajo me vas a coger odio o me estés echando maldiciones, ¡hombre no, eso no! ¡Yo me alegro! Y encima lo que me das es ganas de ponerme a mí, me das fuerza pa intentar conseguir lo mismo que tú, ¿entiende? Eso es el coraje que me da a mí, que vacile por lo que tenga y se crea superior que uno. Y no, porque to somos iguales y punto, ya está. ¡Con lo bonito que es el amor y disfrutar de la vida!

Enfoques para la reflexión y el diálogo:

- ¿Qué os sugiere la acción de *«bloquear»* a una persona?

- ¿Creéis que los estereotipos construidos social y culturalmente pueden interferir en nuestra acción socioeducativa?

- ¿Cómo creéis que puede la sociedad mayoritaria transformar el impacto de los estigmas sociales hacia grupos sociales minoritarios?

- ¿Qué influencia creéis que pueden tener los procesos de estigmatización en la construcción de las relaciones interpersonales?

Capítulo 10

A mí lo que me mata es leer

Mi madre y mi abuela nunca han ido al colegio y no pasaba na, no era obligao. Sé que no han ido porque mi abuela no sabe escribir, no sabe leer... ¡no sabe na! Mi madre y mis tíos saben algo porque se han aprendío en la cárcel. Y otro de mis tíos sabe leer una mijilla[55] porque se ha puesto ahora. Pero la gente mayor como mi abuela no saben, no han tenío esa oportunidad de estudiar. Se han ganao la vida de otra manera: en el mercaíllo, chatarreando, en la fruta... ¿entiende? Antes era otra vida.

Por to esto, ellos piensan ahora que estudiar no vale pa na y dicen: *«mi niño que no estudie, ¿pa qué va a estudiar?»*, y les da igual. Pero yo no pienso así, porque hace falta y yo sé que estudiar es bueno.

Yo iba al colegio porque tenía que ir obligao. Lo que pasa es que, cuando uno es un niño, no piensas que estudiar va a ser bueno y que si no estudias no vas a ser nadie importante en la vida. Cuando uno lo piensa es cuando tiene capacidad, con 19 o 18 años, y ya uno reacciona y dice: *«¿qué hago yo así?, yo tengo que estudiar»*.

55. Muy poco.

Porque cuando tú eres chico no tienes ese apoyo, esa oportunidad, nadie te ha escuchao. Ese apoyo yo nunca lo he tenío, esa fuerza, esa ayuda que tengas a alguien de tu familia que te diga: *«vamos Jose, que tú lo que tienes que hacer es estudiar, que yo te ayúo».* Por eso es bueno un maestro que dé mucho apoyo a un niño, como si fuera un niño suyo y que sea bueno con él, cariñoso y simpático. Que no sea un maestro injusto.

También, a la gente le cuesta estudiar porque lo ve mu difícil y también porque se ponen a estudiar de grande[56]. ¡Si la gente se pusiera a estudiar de chico lo aprenderían to! Una persona de chico, to lo que ve y to lo que hace se le queda grabao, ¡como una esponja, que coge agua y se empapa! Po igual es el cerebro cuando tú eres chiquitillo, se va grabando to ahí hasta que de grande tienes toa tus cosas ahí.

A mí lo que me mata es leer... leer y no entender, ¿sabes? Yo ahora quiero estudiar lo que pasa es que uno es un vago, ¿entiende? Porque estudiar es mu difícil, a nadie le gusta estudiar, pero hay que hacerlo, porque yo lo que estoy viendo que el futuro de uno es el estudio.

Yo tengo poca fuerza pa estudiar, la verdad. La manera en la que yo me criao... no tengo tanta fuerza. Y yo quiero tener fuerza pa eso, fuerza y voluntad. Que el día que me levante y no tenga ganas, voy a recordar to lo bueno que estoy hablando ahora y poder decir: *«¡lo hice, lo conseguí!».* Sí, yo voy a hacer to lo posible. Ya que pueda o no pueda... pero el intento lo voy a tener seguro. Porque yo quiero algo en mi vida y así no puede estar uno, ¿sabes?

56. En la etapa de la adultez.

A mí nunca me ha gustado estudiar y ahora sin embargo sí, porque me dao cuenta que sin eso no es nadie uno. Es como una oportunidad en tu futuro y que puedes llegar a ser como tú lo piensas: tener tu casita, tu mujer, tus niños... ¡tu vida normal! Pero pa eso hay que estudiar, estudiando tienes una oportunidad.

Cuando estudiaba pa sacarme la E.S.O. no entendía na, porque no comprendía na y se me quitaba el ánimo, ¿entiende? Y decía: «¡esto es mu difícil pa mí!». Estudiar a nadie le gusta. A mí me agobia y te cansas mucho y te quita horas de tu día, de tus horas libres, porque estudiar tienes que estar encerrao en tu casa también. No disfrutas, ¿entiende? Porque estudiar no es un año, ¡es seis o cinco años que te tienes que pegar! Los que somos así, los que son vagos, no piensan. A mí me pasa una cosa y es que yo no entiendo, me cuesta y se me quitan más las ganas. Una persona que entiende no se le quitan las ganas porque está entretenío, porque lo entiende.

¡Ahora a lo mejor me pongo con el móvil y flipo! Me gusta hablar y nunca me canso y empiezo a escribir y a leer y me pego to el santo día con el móvil y no me canso, porque es una cosa que me gusta. Hablo con las niñas, con los amigos, ¡y eso es leer y escribir na más! Pero ahora tú me pones un texto, tengo que leerlo y lo tengo resumir, yo te lo leo y no sé resumirlo, ¿cómo lo hago? No sé cómo hacerlo y me pongo: «venga hombre, vamos a hacer el texto» y cuando me agobio po digo: «¡que le den, que no quiero hacerlo ya!». Por eso no estudias, porque no lo entiendes y te aburres y pa partirme la cabeza po prefiero estar en otro lao que me guste y hacer otra cosa que me guste.

Y pa eso hay maestros de apoyo, pa ayudarte, que te vienen mu bien. Porque si lo entiendes, llega a gustarte y cada vez lo haces mejor. Nunca te puede fallar un alumno cuando le está gustando estudiar, ¡en la vida, porque lo entiende! Si tú le mandas unos deberes a tu alumno y no lo hace, es porque no lo entiende, ¡te lo digo en serio! Porque yo no me puesto a estudiar porque no entiendo na... y eso es un problema.

Cuando me dijeron que entraba en el curso de mecánica, ¡no me lo creía! La primera vez lo dejé porque mi niño nació. Luego me volvieron a coger y estaba encantao y yo pensaba: *«tengo que aprovecharlo y seguir to el año»*.

El curso me daba muchas cosas. Pa mí era como una ayuda porque me servía pa levantarme por las mañanas, porque soy un poquito vago, ¿entiende? Me gusta la cama, me gusta dormir y con el curso po me tenía que levantar. Me levantaba a las seis y media de la mañana, a las siete cogía el autobús y llegaba allí a las ocho y media. Después, salía a las dos y media y llegaba a mi casa a las cuatro de la tarde. ¡Era como un trabajo de verdad! Pero no me pagaban y eso algunos no lo harían porque es un año to los días de lunes a viernes. Con el curso podía tener un oficio y tener un trabajo.

Lo que pasa es que me faltó un poquito de fuerza. Porque unos días no me levantaba de dormir, me quedaba durmiendo, ¿sabes? Y un día se me quitaban las ganas de ir, otro día en vez de ir al curso po me iba con mis coleguitas o me iba pa estar con las chavalitas por ahí...

A mí la mecánica me gustaba, pero no me gustaba trabajar de mecánico, to el día arreglando coches, ¿entiende? Eso fue lo que me quitó más la fuerza. Llegaba a la casa a las cuatro de la tarde y luego me tenía que poner a estudiar pa el graduado... Al final dejé de ir al curso. Y yo te digo una cosa, en mi nivel, yo si me pongo así no me voy a sacar na, porque entre la mecánica, estudiar y el carné... ¡es mucho pa mí! Yo necesito ponerme con una cosa y sacarme esa cosa y después pasarme a otra, porque yo ponerme con to, pa mí es mucho. Te estoy siendo sincero. Yo me veo mu discapacitao pa eso, ¿entiende?

Yo prefiero el carné antes que ninguna otra cosa, porque en el barrio el carné también es la libertad de uno, te lo juro. Porque te puedes menear. Si yo fuera tenío el carné pa hacer el curso de mecánica, me fuera venío súper cómodo porque voy con mi coche y es perfecto, no que con el autobús te pega una hora, ¿entiende?

También pasa una cosa y es que antes to el mundo se sacaba el coche[57] porque decían: *«vamos a rebuscar[58], vamos a buscarnos la vida»* y se ganaban la vida así. Porque en esos momentos había chatarra, había movimiento y to el barrio lo hacía, que lo único que estudiaban era pa sacarse el carné de conducir. Así que, una persona perdía el tiempo de estudiar y pasaban así los años, los años, los años y se infectaba to el barrio.

Hasta que llegó esta vida que ya no hay na, que ya no hay chatarra, no hay trabajo, que ya pa trabajar tienes que sacarte un oficio, tienes que estudiar, tienes que sacarte algo, ¿sabes? ¡Po ea!, como ese tiempo no lo aprovecharon pa estudiar, ahora les gustaría estudiar y aunque tienen la oportunidad, no es tanto como antes, porque ya son más vieos y ya no pueden.

---

57. Se refiere a la obtención del carné de conducir.
58. Recoger chatarra.

¡Y mira que pienso que estudiar te quita de lo malo! Te pones a estudiar y te cambia to, te hace un hombre más formal. De siempre he querío estudiar, pero nunca me atrevía, en el sentío que no tengo esa familia que me apoye, ¿sabes? No porque sea mi familia mala, porque donde se pone mi familia no se pone ninguna, pero nunca he tenido esa madre que me diga: *«ponte a estudiar niño, como no te pongas a estudiar no te voy a comprar esto»*, ¡yo qué sé! O te diga*: «mira, ponte a estudiar que es bueno pa esto y pa esto»*, que te dé un consejo, ¿no?

Nunca he tenío ese apoyo. Yo siempre he tenío ese apoyo por David, por María, por Héctor, por los maestros... Por los maestros sí que he tenío ese apoyo porque siempre me han hablao de estudiar, pero por mi familia ninguno me ha dao ese apoyo, ¿sabes? Por eso nunca he estudiao, por ver el ejemplo de mi familia, porque tú te crías en lo que tú ves en tu casa y si yo veo que ninguno de mi familia son estudiantes y nunca ninguno ha estudiao... po yo nazco ya con eso.

Y después, que pa mí la escuela... a mí no me ha enseñao na. Porque yo no prestaba mucha atención, ¿sabes? Yo era un niño y yo iba más de juego. Cuando yo salí de la escuela, ¿te digo que sabía hacer yo na más? Contar números. Eso es lo que sabía hacer na más. Yo leer no sabía, yo escribir no sabía, ¿sabes? A mí nunca me han aprendío[59] a hacer na.

¿Te digo lo que yo he aprendido de la escuela? A ser bueno, ¡que eso es verdad! Porque los maestros me han tratao con mucho cariño, la verdad. Porque yo he tenío una familia que ¡uf!, que era mu diferente a otras familias, ¿sabes? Y había

---

59. Enseñado.

muchas cosas malas y no he cogío esas cosas malas. He cogío las cosas buenas de los maestros, porque el único cariño que me han dao era de los maestros... me prestaban mucha atención. Así que pa mí, lo que yo he aprendío de la escuela, es el cariño y saber querer a las personas. Es lo que yo he aprendío.

Enfoques para la reflexión y el diálogo:

- ¿Qué os sugiere la expresión *«me veo mu discapacitao»*?

- ¿Creéis que existen fragmentos en el texto que pueden tener relación con la romantización de la pobreza?

- ¿Consideráis que un contexto de marginación puede arrebatar oportunidades socioeducativas?

- ¿Cómo se podría, desde la educación social, favorecer la creación de oportunidades que el contexto arrebata?

CAPÍTULO 11

Hay maestros que no les cuesta na poner una multa y maestros que se preocupan por ti como si fueran de tu familia

Un maestro injusto es cuando sabe sus normas y no se sale de sus normas cuando está trabajando. Cuando te dice que hagas algo o te manda unos deberes y si no lo haces te dice: *«si no quieres hacerlo po me da igual, mi culpa no es, yo estoy cumpliendo con mi trabajo y ponerme o no ponerme contigo, voy a cobrar igual»*. Eso no lo veo bien. Ese es un maestro injusto.

Pero si el maestro te da los deberes y tú no sabes hacerlos y le dices: *«mira maestro, que esta pregunta no sé hacerla ayúdame algo»*, y el maestro te ayuda, se pone por su voluntad y te dice: *«mira Jose, vamos a hacer esto, que los vas a hacer bien, ¡si esto es fácil!»*. Que te dé ese apoyo y que te dé cariño también, eso es otra cosa. Porque los maestros tienen derecho a darte un cariño y que te diga: *«los deberes son fáciles, que no son difíciles»* y darte ejemplo, ¿entiende? No decirte: *«¡esto es mu difícil!»*. Eso es quitarle las ganas a uno. ¡Tiene que empezar poniéndotelo to mu fácil, porque así te da ánimo! Por lo menos pa que lo intentes.

Hay maestros que en su trabajo dicen: *«te estoy diciendo que tú hagas esto, si quieres bien y si no quieres po ya sabrás tú. Esto pa mí no es. Si no lo haces te pongo mala nota, si faltas te voy a poner que has faltao y si te tengo que expulsar, te expulso».* ¡Pero así se pone, te lo juro que es en serio! No te da esa oportunidad.

También hay maestros que no les cuesta na poner en las notas: *«Jose se ha portao mal, ha sacao un cero. Vamos a ponerle una multa».* ¡Una multa digo yo... una expulsión! No les cuesta na, porque es su trabajo. Cuando me pasaba esto yo me sentía asustao. Los maestros te asustaban porque cuando te multan... cuando te expulsan dos veces, te ponen un expediente y cuando son dos, te llevan a un correccional. ¡Eso es lo que decían! Y cuando me expulsaban, po mi madre me regañaba. A mí me daba igual, pero mi madre se creía que yo había cometío un delito y se asustaba. Así que, desde ahí, ya no me expulsaron más. En el colegio me expulsaron dos o tres veces, ¡pero por tonterías!, por faltar o por salirme de las clases, ¿entiende?

Supongo que los maestros hacen estas cosas pa que aprendamos, ¡ellos pensarán eso! Pa que aprendamos, pa que cojamos miedo y pa que mejoremos, ¿no?, pero uno no piensa eso. Cuando a mi expulsaban yo no pensaba que era pa mejorar. Yo lo que intentaba era que no me expulsaran más, pero no mejoraba. Yo mejoraba cuando un maestro me decía: *«venga Jose, que yo no te quiero expulsar, que yo quiero que tú estudies y que el día de mañana te vea en la universidad o que estés trabajando, ¡eso es una alegría pa mí!».* Era un maestro bueno cuando confiaban en mí. Un maestro que da ese apoyo. ¡Un maestro que no sea tan injusto!

Hay maestros que no tienen fe. Si yo trabajara, por ejemplo, de maestro y a lo mejor el niño se llama Francisco, le diría: «*Francisco, el jueves hay un examen. Te voy a dar este librito pa que tú lo estudies, ¿vale? ¡A ver si sacamos un ocho o un siete y te apruebo!*». ¡Po cosas así! Y decirle: «*venga Francisco, hazlo que vas a aprobar y si hace falta te ayúo yo un poquito y te doy un poquito más de tiempo*». O que tú le digas: «*venga que después nos vamos a una excursión y tú vas a ser el encargao[60] de la clase*». ¡A los niños eso les gusta!

O, por ejemplo, te dice Francisco: «*mira maestro, que no entiendo na, yo no quiero hacer esto, que yo estoy amargao*». Po tú le dices: «*tranquilo, que yo tampoco entendía y a poquito a poco empecé a estudiar hasta que se me metió en la cabeza. ¿A ti qué te falta?, ¿aprender a leer porque no entiendes lo que lees? Po venga, vamos a hacer resúmenes*». Y Francisco lo va haciendo y te dice: «*¡no ve maestro!, me voy recordando*». Y Francisco hace los deberes a poquito a poco. ¡Eso es ponerse con el niño! El maestro hoy le ayudará y mañana también le ayudará, pero el día de mañana Francisco lo hará solo. ¿Pero sabes por qué? Por el apoyo que ha tenío. Que el niño diga: «*el maestro tiene fe en mí y quiere que yo estudie... ¡qué buen maestro!*».

En la escuela es donde me gustaba estar a mí, la verdad. Me gustaba ir por los maestros porque los maestros allí son como la familia de uno, porque los conoces de hace mucho tiempo y mi gente los conoce de hace mucho tiempo y te apoyan mucho. Yo me sentío mu bien allí. Cuando te daban apoyo o cuando te daban sus clases, te lo daban con mucho cariño.

60. Ayudante en el aula.

Nosotros en la escuela, desde chiquitillos, éramos mu salvajaos[61], pero los maestros tenían mucha paciencia con nosotros. Recuerdo a to los maestros, recuerdo el comedor, cuando íbamos al cine o salíamos a la biblioteca o al recreo, cuando hacíamos las asambleas... Hacíamos muchas cositas. También recuerdo cuando venían los Reyes Magos. ¡Y las escuelas de verano!, cuando hacíamos gincanas y también recuerdo que se hacía como una feria, pero en chica, con un puesto de chucherías. Yo nunca he visto un colegio mejor que el mío, la verdad.

A mí me gustaba cuando me decían que yo era el encargao de la clase porque ese día me había portao bien. O cuando el maestro ponía algo en la pizarra y decía: *«venga quién lo acierte o quién copie bien el texto, le voy a poner un punto verde».* Yo me sentía mu bien. ¡Yo flipaba! ¡Por conseguir puntos verdes me portaba bien, te lo juro de verdad! Y a lo mejor cuando llegaba a los seis o cinco puntos verdes, po te decía: *«venga Jose, hoy vas a ser el encargao de la clase».* O cuando llegaba una excursión, quien tuviera más puntos verdes le ponían en un papel grande que era el encargao, pa que lo viera to el mundo.

Esto son cosas de niños y pa eso los maestros tienen que saber llevar a un niño. El maestro tiene que ponerse en su lugar, como cuando era un niño, pensar en lo que te gustaba y en lo que no te gustaba. Si a ese niño tiene que darle juego, tú le da juego en ese momento. Y ahora el maestro le dice: *«yo te he dao juego y te he hecho el favor, ahora tú hazme el favor a mí y vamos a estudiar».* Y ahí el niño va reaccionando a poquito a poco: *«venga maestro yo te lo voy a hacer».* O cuando es su

61. Revoltosos.

cumpleaños y el maestro dice: «*mira qué regalo te he traío*» y se lo da. Eso son las cosas de maestros con las que los niños flipan, ¿entiende? Así se va sobrellevando a un niño. Hazme caso que cuando un niño tiene una persona buena al lado, se quiere mucho al maestro, porque un niño coge el querer mu rápido.

También a un niño tienes que darle mucha paciencia. Un maestro, pa ser bueno, tiene que tener mucha paciencia. Si no la tiene, ¡escúchame, es que es mejor dejar de ser maestro! Hay niños que son mu traviesos y hay niños que no vea la que lían y si tú le das paciencia, el niño va reaccionando a poquita a poco, ¿entiende?

En el colegio mío yo he llorao cuando se han ido los maestros, ¡pero por los que han sido buenos conmigo! Irse y llorar por ellos, en serio. Una de las maestras que más recuerdo es la maestra Gloria, ¡esa es una maestra! Por ella yo lloraba a mares cuando se fue, como si fuera hecho una madre mía. Esa maestra era mu buena porque desde chiquitillo siempre les decía a los otros maestros: «*Jose es mu tierno, mu cariñoso, aunque sea mu travieso, pero tenemos que saber sobrellevarlo*». Así se coge un querer mu rápido a las personas. Era súper buena, cariñosa, hablabas con ella y te llenaba. A mí me encantaba. Cuando le pedías ayuda, ¡te trataba con una dulzura!, ¡te inspiraba dulzura con ese cariño! ¡Yo flipaba!

Como esta maestra no había ninguna, era la forma que tenía de ser. Era a la maestra que más le hacía caso. Me decía toa las cosas buenas. Yo creo que es porque ella sabía que yo era bueno en verdad. Pero Gloria creo que era así porque ella era así también, ¿sabes? ¡Era una maestra que se ganaba a to los niños! Yo le cogí mucho cariño. Con ella era el mejor alumno,

¿qué voy a hacerle yo a esa maestra? Al revés, ella luchaba por mí po yo luchaba por ella. ¡Era encantaora, te lo juro!

Había otra maestra que era más maestra, ¿sabes? Decía: «*haz esto, si no te castigo*». ¡Y *esto* es lo que había que hacer! Si no, me cogía de la mano y me llevaba al despacho por cojones, era más como su obligación, que tenía que ser lo que mandara ella, ¿sabes? Ella no me gustaba. A mí no me transmitía como maestra y yo no le hacía caso, era más travieso. ¡Y era buena, eh! Pero no me echaba mucha cuenta y me castigaba... le daba igual de mí.

¡Y la maestra Gloria también me castigaba, eh!, pero era más buena. Me decía: «*Jose, te voy a castigar por lo que has hecho y lo tienes que reconocer*» y me castigaba. Pero cuando me quitaba el castigo me regalaba un caramelo o una chuche, ¿sabes? Y yo como era un niño, ¡po flipaba! Hay veces que me decía: «*¿tú qué quieres hacer esto?, po venga vamos a hacerlo. ¿Qué quieres salir a la pizarra?, po venga que vas a salir*». Y me pasaba un poquito la mano, ¿sabes?, pero sabiendo que yo también me tenía que portar bien. Ella se metía más en mí.

También me acuerdo del maestro Fran. Le decíamos *maestro pollo* porque era el maestro de apoyo. Ese también fue buenísimo. ¡Y nos regañaba! ¡Porque nosotros también nos lo merecíamos!, y después nos pedía perdón. To los niños de la clase le decíamos: «*maestro, llévanos al cine*» y nos llevaba a la biblioteca que era donde veíamos las pelis. Nos llevaba pa aprendernos a leer y a escribir y después nos ponía una película y nos traía galletas. ¡To buena gente! Estábamos siempre con él. Cuando éramos chiquitillos y llorábamos, él nos cogía en brazos, ¡te lo juro!, como si fuéramos sus niños. Cuando se fue del colegio lloramos mucho.

¡Y Ángel no vea también como es! Mi familia nunca me ha celebrao el cumpleaños, ¡te lo digo en serio!, y el único que me ha celebrao mi cumpleaños ha sido Ángel. Cuando estaba en el colegio y era mi cumpleaños, me cogía y me sacaba de la clase, ¡a mí y a toa la clase! Nos llevaba a comer y nos invitaba o me compraba una tarta y lo celebrábamos en la clase. ¡Pero en un cumpleaños mío o de quién sea de la clase! Ángel ha hecho... ¡uf, es buenísimo!

Contaba unas películas de miedo y unos cuentos... Ángel ha hecho mejor que un padre, ¡yo qué sé! Te ayudaba y te daba esa alegría, ¿entiende? Es el maestro al que yo he querío más. ¿Tú recuerdas un maestro que te compre cosas, que te celebre tu cumpleaños o cuando te portabas mal lo arreglara contigo, pero a las buenas? ¡Y que te dé ese cariño! ¿Tú sabes lo que es eso?

A nosotros nunca nos ha pegao voces. Nos regañaba y te decía: «venga, pórtate bien que al final te vamos a tener que expulsar y yo no quiero eso pa ti... Haz las cosas bien». Nos regañaba, pero nunca nos ha chillao.

También ha sido el único que, cuando a lo mejor había una pelea, siempre separtaba y hablaba con los gitanos. Hablaba con ellos normal, los tranquilizaba y al tener ese cariño, a los gitanos los calmaba. Y a poquito a poco, to el mundo lo trataba con respeto porque era mu bueno. Y ahora to el mundo lo dice, que a donde se ponga Ángel, no se pone ninguno. Ángel y Paco, porque son maestros antiguos de los primeros que entraron a Las Areniscas.

También me acuerdo del educador Ismael. Él ya se fue del barrio. Nos daba clases por las tardes pa la E.S.O. Ese maestro también era súper bueno, mu cariñoso y buena persona. Si te podía ayudar, te ayudaba en to. Cuando se fue, a nosotros nos dolió. Yo me sentí mal cuando se fue, pero cada vez que viene de visita... ¡nos da una alegría!, ¡como si fuera de nuestra familia!

Y David es un maestro mu especial pa mí. No lo trato ya como a un maestro, yo lo trato ya como familia, como un hermano. ¡Yo qué sé!, como si fuera de mi sangre. Él entra en mi casa y se echa un bocaíllo, ¡sin permiso de uno! Y nosotros más contentos y felices que na. Tenemos mucha confianza con él y esa confianza se la ha ganao dándonos apoyo, siendo bueno y siendo cariñoso. Es simpático, sensible y mu noble. Es un hombre humilde que se gana a la persona que quiera. David te ayuda en cosas que tú no sabes hacer y te lo explica de una manera que tú aprendes. Está contigo el tiempo que haga falta y se pone to los días si hace falta, ¡y no es su deber! Pero él se pone a ayudarte pa que tú saques lo mejor. Pone su fe. Y siempre está ahí.

Le pido favores como si se los pido a mi tío o a mi madre. Te ayuda en to lo que puede, ¡pero no me ayuda cuando me hace falta un dinero! De dinero no es tanta ayuda. Me ayuda siempre con su apoyo. Es lo que más me gusta a mí. Que, a lo mejor, estoy más necesitao en cariño y es lo que me da, y me dice toa las cosas pa yo mejorar. ¿Una persona que me dé su apoyo, que me dé esa alegría y que tenga confianza en mí? ¡A mí me encanta eso! A veces me dice: «*mira Jose, haz esto que tú puedes, pero si no puedes yo te echo una mano*». David es de esos que se preocupa por uno y siempre me está diciendo: «*te quiero mucho mi Jose*». Yo lo quiero con locura y me duele como si fuera de mi familia. Así que uno también se preocupa por él.

Si tuviera que dar un consejo a alguien que empieza a trabajar en el barrio le diría que, a parte de la paciencia, una cosa mu importante es ser mu dulce, mu cariñoso y conocer a las personas, ¿sabes? ¡Y ser como tú eres y dar lo que tú eres! Aquí, los niños son mu cariñosos y la gente es mu cariñosa, cuando te conocen son así. Ahora, si eres soso, eres arisco, aquí eso no te vale, ¡no vas a venir aquí de primeras y vas a ser así! Si tú quieres ganártelos a to, tienes que demostrar lo que tú eres. Y aquí una persona mala se nota. Así que en el barrio es importante conocer. Si tú no conoces o no sabes, pégate a otra persona que sepa, que te explique mucho, ¿sabes? También tienes que saber sobrellevar a la gente. Es conocer, conocer a las personas y dejarte llevar un poquito pa conocerlas.

Yo lo único que digo es que, como monitores de aquí y maestros de aquí, no hay ninguno, ¿sabes? Porque a mí lo que me ha enseñao un maestro de aquí no me lo ha enseñao ni mis propias amistades. Cuando yo necesito apoyo o me hace falta algo, son los maestros los que están ahí.

Lo que hacen los maestros de aquí, ¡es que yo flipo! ¡Los maestros quieren que yo tenga buena vida! ¡Y me conocen a lo mejor de hace un par de años! ¿Qué maestro hace eso? Eso es to la voluntad, ¿entiende? Así que, cuando el maestro mira por mí, po uno piensa: *«el maestro mira por mí y tiene fe en mí cuando mi familia no la tiene»*. Po yo eso lo miro mucho, vieo. Otras personas no lo miran, pero yo sí lo miro mucho. Una persona que me quiere ayudar y que pierda su tiempo por mí, ¡eso es un maestro!

Por eso si me saco los estudios es por ellos, si pongo esa fe es por ellos y si lo hago es por ellos. También es por mí, pero también por ellos, ¿entiende? Pa que vean los maestros que yo también les voy a hacer caso y que voy a poner mi fe. Porque si me ayudan, voy a aprovechar la ayuda.

Enfoques para la reflexión y el diálogo:

- ¿Qué os sugieren las expresiones *«maestros que multan»* y *«maestros que se preocupan como la familia»*?

- ¿Cuáles creéis que son los elementos clave para la configuración de relaciones educativas?

- ¿Consideráis que la afectividad tiene cabida en la acción socioeducativa?

Capítulo 12

Cuando tú levantas peso y te ayuda alguien, una persona, po en los estudios igual

Yo tengo relaciones mu bonitas con muchos maestros y maestras. La relación que tengo con David... yo no lo trato como un maestro. Es como un gran amigo de toa la vida, ¿sabes? Como un hermano, ¡y compararlo con un hermano es mucho! Hay la misma confianza. Ha habío muchas veces que yo me sentío mal y estao a lo mejor nervioso, enfadao... y al primero que llamo ha sido a David. Él es súper especial, la verdad, porque lo conozco de hace mucho tiempo y él me ha visto a mí de chiquitito. Cuando lo conocí creo que tendría unos 11 años o menos. Luego, de más mayor ha sido cuando más pegao a él he estao, ha sido cuando más me relacionao con él.

Por eso a mí me duele cuando David tiene algún problema con alguien de mi familia, porque lo mismo que quiero a mi familia, lo quiero a él. Porque David es un gran amigo y siempre le voy a tener ese cariño, ¿sabes? Es igual que cuando lo veo triste o que lo está pasando mal, ¡a mí se me parte el alma! Así que intento ayudarle en lo que puedo, intento quitarle las cosas malas que tiene en la cabeza, estoy con él y que él vea que también tiene mi apoyo, ¿sabes?

Él es un hombre mu cariñoso, mu bueno, un hombre que tiene ternura, que se deja llevar, tiene ese cariño. Y es un hombre decente, no porque tenga una carrera, un trabajo o haya estudiao, ¡eso no tiene que ver na! Él es así y siempre va a ser así. Es un hombre que te lo da to. To lo que tiene por dentro te lo da a ti.

El tenerlo en mi vida me ha venío súper bien, la verdad, porque yo era un poquito travieso cuando era niño. Me ha venío bien conocer a to los maestros, a to los monitores. Y desde que conocí a David, cuanto más grande me hacía, cambiaba más pa mejor, ¿sabes? Porque a mí los consejos que me daba mi gente no eran los mismos que me daba él. Los consejos de David eran más cariñosos, más amables... me los daba como a un hermano, más que un educador y un alumno, ¿sabes? Es más que eso.

Es un gran amigo, hemos pasao mucho tiempo juntos, ¡es que hemos pasao muchas cosas! Han pasao cosas que a nadie se las he contao y na más que se las he contao a él, como él que también ha hecho lo mismo. Así que estamos aquí pa ayudarnos y eso es mu bonito. Yo cuando hablo con él me siento protegío, me siento feliz, me siento animao, me siento bien. Mi gente pasaba un poquito más de mí. No es que pasaran de mí, pero... no me han dao tanta importancia. Y David la importancia que ha tenío conmigo pa mí es increíble. Él también ha aprendío muchas cosas de mí, la verdad. Sabe las circunstancias que tengo yo y él me ha dicho siempre: *«eres una persona mu fuerte, si yo fuera estao en tu lugar yo no fuera sido capaz. Tú te estas levantando. He aprendío muchas cosas de tu vida... Tú también eres mu bueno».* Yo también tengo un gran corazón y él también ha aprendío... y algunas cositas mías se las ha quedao.

Desde que lo conozco estoy aprendiendo yo también. Yo he tenío una suerte mu mala, he tenío una familia que algunos han salío mu mal, ¿sabes? Y yo no me parezco a ninguno de mi familia por David, porque he conocío a los monitores de aquí y me llevao por ellos. Que yo no soy un niño que te escuche y te diga: «¡este está chalao y na más que dice tonterías!», porque yo me guío por las cosas buenas y por eso me gusta ser como David, me gusta como él actúa.

Tanto él como algunos de los maestros me han dao fuerza pa levantarme pa arriba, ¿sabes? He tenío muchos problemas pa estudiar, yo siempre he sido un vago, me salí del colegio con 15 años y por lo menos dos o tres veces me ha metío David a estudiar con él pa sacarme la E.S.O. La última vez que entré fue porque me dijo: «*Jose, ¡tú tienes que estudiar!*». Me dio ese ánimo, esa fuerza, ¿sabes? Y yo pasaba de él hasta que me caí. Me caí y cogí su fuerza. Entonces pensé: «*tengo que hacer esto porque él lo dice y también por mí*». ¡No es porque lo diga él, es que tiene to la pura razón! Así que le dije: «*voy a estudiar por ti y por mí, pero lo voy a cumplir por ti. La promesa es por ti y por to los maestros que me apoyáis. Lo voy a cumplir y te vas a enterar como vas a ver un cambio en mí*». Ellos han tenío mucha paciencia conmigo hasta el día de hoy y no quiero desaprovechar más esta oportunidad.

Y yo quiero estudiar, yo sí, pero yo me quiero poner con alguien. Me va a costar mucho la verdad, pero eso es empezar. Porque estudiar es como levantar pesas, como cuando tú te apuntas en un gimnasio. Yo me apunté al gimnasio y a lo primero levantaba 10 kilos, ¡y 10 kilos no son na! Yo me esforzaba y a poquito a poco, me pegué unos meses y levantaba 20 kilos. A los cuatro o cinco meses levanté 50 kilos, ¿entiende? ¡Eso es ponerte! Hay que ponerse to los días. Así que en los estudios hay que empezar a deletrear, mañana a lo mejor copiar, al otro día hacer resúmenes, al otro haciendo cuentas... ¡Yo qué sé, a poquito a poco! Así vas cogiendo nivel, hasta que los consigues. En los estudios me tenía que ayudar alguien, igual que en el gimnasio cuando tú levantas peso y te ayuda una persona, po en los estudios igual. Cuando tú no sabes na y te lo explica alguien y te ayuda, es igual, es lo mismo. Si tú me lo explicas, ¡iya me estás ayudando!, hasta el día de mañana que tú lo haces solo. Po toa las cosas son así, si tú quieres conseguir una cosa de verdad, es a poquito a poco. Te tienes que poner to los días.

Yo he tenío muchos educadores, ¿sabes? Eso es lo importante, por eso estoy hoy donde estoy, por ellos. Por la fuerza que dan ellos y por toa las oportunidades que me han daó. Sé que David se alegra, Héctor se alegra, Ángel se alegra... Me dicen: *«yo el día de mañana quiero verte con un trabajo, quiero verte con tu coche, con tu carné, quiero verte como te vas con tus amigos a tomarte algo»*, ¿entiende?

Y ahora, me dicen que soy una persona buena. Pero te voy a decir una cosa, es porque yo soy así, pero también es por el apoyo de to los monitores de Areniscas, ¿sabes? Por el apoyo de David, de María, de Héctor, de Juan Carlos... por to el apoyo de la gente buena que ha habío en Las Areniscas. Y yo siempre me guiao también por lo que he escuchao, por el cariño que me han tenío toa estas personas.

Enfoques para la reflexión y el diálogo:

- ¿Qué os sugiere la expresión «*estudiar es como levantar pesas*»?

- ¿Qué acciones pensáis que se pueden poner en marcha en las relaciones educativas para generar protección y seguridad?

- ¿Qué papel consideráis que ejerce el acompañamiento socioeducativo en contextos de alta vulnerabilidad social?

- ¿Cómo consideráis que debe ser o debe tener la acción socioeducativa para generar procesos resilientes?

Capítulo 13

A mí me gustaría que mi niño fuera mejor que yo, que no pase por lo que yo he pasao

Nunca me han apoyao pa estudiar. Yo estudiaba y mi mama me decía: *«¿a dónde vas a estudiar tú y estar to el día por ahí?»*. Cuando le dije con 15 años de salirme del colegio, me acordaré toa la vida, le dije: *«mama, voy a salirme, no quiero ir más al colegio»* y me dijo: *«haz lo que quieras hijo»*.

La cosa es que yo no le encontraba sentío a estudiar siendo un niño y como a mi gente le daba igual, po... ¿entiende? Yo era un niño y un niño se lo cree to. Si tu niño tiene 17 o 16 años y tú le dices: *«¡venga ya!, ¿vas a dejar el colegio pa está pa arriba y pa abajo?»* y no le haces de pensar, que eso es lo que les pasa a las personas, que no piensan, po al final el niño deja de ir al colegio. Lo deja pa no escuchar a la maestra hablando cosas que dice: *«¿esto qué es?»*, porque es un niño y no pone interés.

Pero si tiene unos padres que le dicen: *«hoy vamos a hacer los deberes, ¿tú qué quieres que te compre pa los reyes?, ¿quieres que te compre la nueva videoconsola?»* y el padre le dice: *«yo te la voy a conseguir, pero tú tienes que intentar estudiar e ir to los días al colegio»*. ¡En ese sentío, eso es ayudarle! Y si se la compra y se entera que no está estudiando o que no le hace caso a los maestros, es capaz de decirle al niño: «*haz los deberes, si no la vendo*». En ese sentío, ¡un niño flipa! Y empieza a estudiar y hasta se da cuenta y dice: «*papá, no me compres más na, que yo quiero estudiar, que yo quiero formar mi vida y ser alguien en la vida*», ¿entiende?

A los padres les interesa que su niño estudie y que sea bueno, pero a lo mejor un padre le dice a su niño chiquitillo: «*vas a ser de grande como yo, chatarrero*». ¡Por Dios, esas cosas no se les puede decir a un niño! Un niño tiene que ser mejor que un padre. A mí me gustaría que mi niño fuera mejor que yo, que no pase por lo que yo he pasao.

A mí me gustaría que mi hijo tuviera la ley de gitano, de ser gitano. A mí la ley me encanta y me gustaría que fuese gitano y que sea estudiante, ¿entiende? También pienso que lo que tengo que hacer es dar ejemplo a mi niño, de que tiene que estudiar, ¡en que esté la vida mal, en que esté la vida bien! Que saque sus cosas y que no sea como el gitano aquel que es un vago, ¿entiende? A mí me gustaría que fuese al colegio y que aprenda, que eso es mu bueno. Estudiando seguro que va a tener algo el día de mañana. Yo quiero que mi niño se quede en el colegio y se saque la E.S.O. y que siga estudiando.

Yo quiero estar al lao de mi hijo y que mi hijo esté cerca de mí. Yo quiero que mi hijo estudie, porque si tú quieres tener un futuro bien, tienes que seguir palante y ser feliz. Y pa eso tienes que estudiar, es la única manera. Yo siempre le ayudaría a estudiar y siempre le metería lo que me han metío a mí en la cabeza los maestros. Porque tú no vas a ser un ladrón, tú no vas a ser un chatarrero, ¿sabes? Siempre mejor que uno, que luche por su vida y que el día de mañana sea un niño bueno, un niño noble.

También me gustaría que se sienta mi hijo y tenga un cariño grande, mu grande, que tenga siempre una persona que le apoye, que ese sería yo. Y darle cariño, darle cariño, darle cariño... ¡que por cariño vaya sobrao! Es lo único que también pediría.

Enfoques para la reflexión y el diálogo:

- ¿Qué os sugiere la expresión «*encontrar sentío a estudiar*»?

- ¿Qué mecanismos pensáis que se ponen en marcha para que la educación adquiera valor?

- ¿Qué papel consideráis que tiene la *figura* de una persona *referente* en el desarrollo de procesos de resiliencia?

- ¿Qué elementos creéis que son fundamentales en el acompañamiento familiar?

Capítulo 14

A mí me gustaría una casa de alquiler que no pagar na

En el barrio se vive bien, yo estoy mu feliz, mu contento, pero es la gente, siempre ves las mismas caras, la misma historia y eso llega un momento que te cansa. Me gustaría salir del barrio, me encantaría salir y sacar a mi gente del barrio. A mí me gustaría coger a mi madre un día: «*venga mama vámonos al bar a tomarnos algo, vámonos al centro comercial*». Una cosa así, tenerlo to cerca. Es que en el barrio no hay na, pa salir tiene que coger un coche y como uno no tiene, po no puede. Y en el autobús no puedes porque no tienes dinero y te tienes que quedar en la casa.

A mí lo que de verdad me gustaría hacer es buscarme la vida y cambiar totalmente. Otro aire, otro aire total. La verdad es que quiero cambiar en ese sentío. Yo he cambiao un montón, pero yo quiero salir del barrio, seguir con los estudios, tener el día de mañana un trabajito, mi casa, mi familia, mis cosas, buscarme la vida realmente... ¡tener mi futuro!

Porque siempre lo diré que yo no quiero parecerme a ninguno de mi familia, yo quiero ser siempre un ejemplo mejor, mejor que mi familia. Porque ninguno de mi familia tiene estudios. Se ganan la vida honradamente, pero yo no quiero seguir ese ejemplo y tener seis o cinco niños y no tener ningún trabajo. Me gustaría ser un poquito más... más payico que gitanico. Yo no renuncio, yo soy gitano. También soy payo porque soy mestizo. Soy... ¡mezclao! Pero según, me gusta ser payo en unas cosas y en unas cosas me gusta ser gitano, ¿sabes?

A mí me gustaría tener una casa de alquiler a no pagar na, pero que esté barata. Pa mí es mejor. Con una casa chiquitita me conformo. Creo que saliendo del barrio cambiamos en to los sentíos, una educación mejor, rozarnos más con los payos, ¡qué na más con los gitanos...! Me gustaría tener relación con otras personas. Mi futuro cambiaría totalmente porque conocería otros ambientes, me juntaría con otros amigos, me obligaría a estudiar... En mi barrio, en mi casa, yo no pago agua ni pago luz y eso me obligaría.

Pero yo lo que no quiero que me pase es lo que le han pasao a algunas personas que se fueron, que la mitad se han venío otra vez. Algunas personas siguen fuera y están bien, están mu contentos porque pueden pagar, pero después hay otras que se han ido y no tenían trabajo, no tenían dinero pa pagar la casa, po te ves obligao otra vez a venirte, ¿entiende? Así que la casa de Las Areniscas no la venden porque saben lo que pasa, que vuelven otra vez al barrio. Porque les entran las bullas de salir del barrio y luego cuando salen se arrepienten. Es que hay personas que se imaginan que es como si estuvieras viviendo aquí en el barrio, y si no tienes dinero pa pagar las cosas lo echan del piso. Que pa salir del barrio tienes que tener un trabajito y vivir bien, sino te ahogas.

Enfoques para la reflexión y el diálogo:

- ¿Qué os sugiere la expresión «*me gustaría pagar una casa de alquiler que no pagar na*»?

- ¿Cuáles consideráis que son las principales motivaciones o impulsos que pueden existir en una persona para proyectarse hacia el futuro? ¿Y qué puede obstaculizar esta proyección?

- ¿Qué relación consideráis que tiene el ejercicio de la ciudadanía y la contribución social con el bienestar personal?

- ¿Qué relación creéis que pueden tener los *sueños* y las *metas* con la resiliencia?

Capítulo 15

¿Qué me da a mí fuerza? Po me da fuerza la vida... que es mu bonita

Siempre lo diré, en esta vida, to lo que venga por delante hay que lucharlo. Hay que luchar con lo malo y con lo bueno y afrontar las cosas. To lo que tengas por dentro afrontarlo.

Yo he vivío una vida... ¿Si te digo que tú tienes más años que yo, pero yo he vivío una vida peor que tú? Siempre he salío de mi casa amargao, ¿entiende? No siempre, pero he salío amargao de mi casa y pensar: *«¡no vea!, no puedo tener esto, no puedo ir por ahí a tomarme un café, no puedo ir a donde sea porque no tengo dinero pa disfrutar»*. Y veo a un niño que tiene más que yo y a veces me da mucha envidia de eso y me da coraje, pero en el sentío de no tener na, ¿entiende?

Así que cuando estoy así, lo que hago es irme solo. Siempre me voy solo, veo... Reviento llorando, empiezo a llorar y pienso y así me desahogo. Una vez que me desahogo, me voy pa mi casa como si no fuese pasao na. Pero cuando estoy así, algunas veces me dan ganas de darme un porrazo en la cabeza y matarme... ¡Así, como te lo digo! O me dan ganas de meterme lo que sea. Así que pa tirar palante pienso: *«tengo mi familia y tengo mi gente y tampoco quiero pasar por ahí[62]»*.

---

62. Se refiere al consumo de drogas.

También pienso mucho en lo que yo he vivío, en lo que he visto... y en lo que yo he seguío palante y ninguna otra persona sería capaz. No es solo verlo, es vivirlo y seguir palante no haciendo las cosas que estás viendo, sino hacer las cosas buenas, ¿entiende? Que no hacer esas cosas y quitarte de esos laos... ¡eso es difícil! Nunca caer en esa trampa, porque yo me puedo juntar contigo y tú ser un ladrón, un fumador o que te gusta beber, pero yo no hago esas cosas.

Y eso fue lo que hice estando en prisión. Ya me habían hablao de cómo era aquello, así que lo sabía por experiencia. Tengo familia que me dijeron más o menos como era la cárcel. Me dijeron que la vida de allí era otra vida a la vida de aquí. Que había que tener más respeto, andar con cuidao, no juntarte con nadie y tener menos confianza con la gente, ¿sabes? Así que fue lo que hice.

A veces me da vergüenza hablar de lo que siento porque vaya que la líe, me da miedo meter la pata. Por eso no me atrevo muchas veces a expresar las emociones y es mu importante hacerlo. A mí me viene mu bien escuchar a los demás porque, por ejemplo, una persona que le pasa algo se está expresando y tú lo estás escuchando, aprendes tú mismo y encima a esa persona le haces bien porque se desahoga. Y así también aprendes toa las cosas buenas que tenga.

A mí eso es lo que me pasa, que tengo tantas cosas buenas que me da vergüenza verlo, ¿sabes? Porque en la situación en la que yo me criao... porque me criao enfrentando las cosas malas, ¿sabes? Las cosas malas si las enfrento, pero las cosas buenas no, no las comparto con nadie... To lo que venga en la vida hay que afrontarlo y luchar palante. Y ser como tú eres. Y dar lo que tú eres. Es lo que yo siempre voy a mirar.

¿Qué me da a mí fuerza? Po me da fuerza la vida... que es mu bonita. Que la vida hay que vivirla... Hay que vivirla y ya está. ¡Que yo soy mu joven! Si hay un día que estoy amargao, ya llegará otro día mejor. Es lo que yo pienso. Y que siempre hay que pensar en lo bueno.

Por eso pa mi luchar en la vida es conseguir cosas. Luchar es ganarte las cosas de tus sudores, ganarte las cosas por ti mismo, como un trabajito o buscártelo si no lo tienes, que estés estudiando... ¿entiende? Eso es luchar. Luchar también es tener tu familia, tener tu mujer, tus niños y levantarlos pa arriba. Eso también es luchar. Hay que luchar mucho en esta vida, la verdad es que sí, como un guerrero, porque la vida que hay no es fácil.

En esta vida hay que tener las cosas claras, ¿sabes? Pa tener idea de cómo reaccionar ante los problemas. Eso fue lo que yo pensé cuando iba a entrar en prisión, que ese problema lo tenía que llevar bien. Si yo hubiese pensao en negativo, no lo hubiera llevao bien.

En la vida se aprende mucho de los errores. Hay personas que no aprenden hasta que tienen un error... y si no aprenden, ¡más errores le va a dar la vida! Te lo digo por mí, por mi experiencia y por lo que he vivío. He tenío muchos errores y ahí estoy aprendiendo. De los errores soy buena persona, tengo buen corazón.

¡Yo soy de optimista...! Siempre tengo el futuro por delante, aunque después no se cumpla, siempre tengo el futuro aquí metío (se señala la cabeza). Yo me hago la idea de futuro y el futuro que yo pienso siempre es bueno. Lo que yo tengo pensao es estudiar, voy a tener un trabajito, voy a tener mi casita, mi carné, ¿sabes? ¡Tener mis cosas! Que el día de mañana yo tenga mi familia, mis niños, pa yo mantenerlos y darle ese apoyo pa el colegio, pa ayudarles a estudiar, que conmigo no les va a faltar de na.

⁓

Enfoques para la reflexión y el diálogo:

- ¿Qué rol pensáis que pueden ejercer los distintos aprendizajes o experiencias vitales en el desarrollo de la resiliencia?

- ¿Qué cualidades de la persona consideráis fundamentales para generar procesos resilientes?

- ¿Qué os sugiere la expresión *«luchar en la vida»*?

- ¿Como podemos ayudar desde lo educativo a realizar una buena gestión emocional para afrontar las adversidades de la vida?

En la actualidad

Desde aquel barranco, Sinaí,
se observa la más Bella puesta de sol.

A día de hoy mi vida ha cambiao totalmente. Diferente soy... ¡como si fuera vida nueva! Tengo mi mujer, tengo mi casa, mi carné, mi coche, mis niños y mi familia unía. Vivo independiente con mi familia.

A mí me hubiera gustado estudiar, porque yo siempre lo he dicho, pero tuve un niño con 19 años. Después me junté con otra mujer y con 22 años tuve dos niños que son mellizos... Y ya una vez que tienes niños, tienes tu familia po te tienes que buscar la vida y buscarte un trabajo. La verdad, tuve mucha suerte, ¡que cuando tuve a los niños empecé a trabajar! Empecé trabajando en mudanzas y hoy en día soy *mudancero*. Por ahora no me ha hecho falta estudiar. ¡Que es bueno estudiar!, pero como to este tiempo he estao trabajando, po no le he echao cuenta a los estudios.

En el trabajo conozco a mucha gente, muchas personas humildes. Personas que son mu buena gente y eso es bueno pa mí porque yo aprendo de ellos también. Pa mí estar trabajando es to. Tengo mi casa, tengo mis niños bien, mi mujer bien y yo estoy bien también. ¿Por qué? Gracias al trabajo.

Claro que también quiero salir del barrio, como cualquiera del barrio, ¿no? Pero hoy en día como está la vida... Fuera del barrio es mu diferente porque hay que pagar agua, luz y hay que pagar muchas cosas. Yo tengo un trabajo y tengo un sueldo, yo cobro a lo mejor 1.000 euros al mes y yo con ese dinero no tiro pa pagar alquiler, agua, luz... Y ahora mismo como estoy en el barrio, sí puedo tirar porque no pago na aquí. Así que pa comer, pa comprarles cuatro cosas a mis niños y pa cuatro caprichos... po lo tiene uno. Y si salgo del barrio no voy a tenerlo. ¡Pero que quiero salir, po claro que quiero salir! ¡Como siempre he querío! Porque fuera del barrio hay otras cosas. Como he dicho siempre, fuera se educa a un niño de otra manera, es diferente, ve otras personas y ve otras cosas ¡Yo qué sé!, otras cosas que no se ven en el barrio.

Yo la verdad, desde que estoy trabajando, soy otra persona. Yo pienso de otra manera, soy un hombre, ¿sabes lo que te digo? Soy un hombre de mi casa y soy un hombre responsable. Antes no era tan responsable como soy hoy en día, porque na más que llego estoy con mis niños, el poco tiempo que tengo lo juego con mis niños. Y luego ceno, me ducho y me duermo, porque sé que mañana tengo que trabajar. Y mañana tengo una responsabilidad que me tengo que levantar pa el trabajo y yo no puedo faltar en el trabajo, porque esa es la mano de comer que me da a mí, ¿sabes?

Yo no pensaba que iba a tener esta familia. Estoy contento de mi familia, la verdad, porque yo aprendo mucho de mi mujer y aprendo mucho de mis niños. Yo no pensaba que iba a estar así. Si es una responsabilidad tener un trabajo, po tener niños, tener una pareja y llevar una casa, es otra responsabilidad. Y to eso es un bienestar pa uno, porque uno sabe ya lo que tiene que hacer y lo está haciendo.

Yo ahora, con 25 años que tengo... ¡la verdad que soy feliz! Yo me encuentro feliz y si necesito ayuda tengo a los maestros. Hoy en día no tengo que estar buscándome la vida como antes que me iba a buscar la vida de otra manera. Ahora trabajo como una persona normal y tengo un sueldo como to el mundo.

Yo no quiero más na, yo lo tengo to. Tengo mi trabajo, mi casa, mis niños, mi mujer, mi hermano al lao... ¡Soy feliz! Yo me encuentro feliz, la verdad, porque lo que yo quería era esto.